dtv

Wunderbar nüchtern-lyrische Geschichten über einen uralten Menschheitstraum: die Faszination des Fliegens. Del Giudice spricht in seinen Geschichten vom Abenteuer des Fliegens und des Lebens, vom ersten Alleinflug eines jungen Piloten und vom letzten Flug Saint-Exupérys. Er belauscht das geisterhafte Gespräch zweier Piloten, die immer noch rätseln, welche Ursachen zum Absturz ihres vollbesetzten Passagierflugzeugs geführt haben. Und er rekonstruiert die bis heute ungeklärte Geschichte eines Flugzeugunglücks auf Sizilien anhand dessen, was die *black box* zutage förderte. In all seinen Geschichten wird dabei der trockene Fliegerjargon zu einem Instrument, das vom Mythos des Fliegens ebenso zu erzählen weiß wie vom morgendlichen Tau, vom Mondschein oder vom Sonnenuntergang. Daniele Del Giudice ist »einer der überzeugendsten Zauberer neuerer italienischer Erzählkunst« (Herbert Wiesner in der ›Süddeutschen Zeitung‹).

Daniele Del Giudice wurde 1949 in Rom geboren und lebt heute in Venedig. Er ist Mitarbeiter verschiedener literarischer Zeitschriften. Auf deutsch sind außerdem von ihm erschienen: ›Das Land vom Meer aus gesehen‹ (1986) und ›Der Atlas des Westens‹ (1987). Für das vorliegende Buch erhielt er in Italien den Premio Bagutta.

Daniele Del Giudice

Das Abheben des Schattens vom Boden

Deutsch von
Karin Fleischanderl

Deutscher Taschenbuch Verlag

Ungekürzte Ausgabe
Januar 2000
Deutscher Taschenbuch Verlag GmbH & Co. KG,
München

Titel der italienischen Originalausgabe:
›Staccando l'ombra da terra‹ (Giulio Einaudi S.p.A., Turin 1994)

Umschlagkonzept: Balk & Brumshagen
Umschlagfoto: © ZEFA
Satz: Satz für Satz. Barbara Reischmann,
Leutkirch
Druck und Bindung: C. H. Beck'sche Buchdruckerei,
Nördlingen
Gedruckt auf säurefreiem, chlorfrei gebleichtem Papier
Printed in Germany · ISBN 3-423-12724-4

Wegen des Fehlers

Es geschieht weder in einem bestimmten Augenblick noch an einem vorgegebenen Tag, kein äußerliches Zeichen wird es dir ankündigen, nichts an den Verhaltensweisen oder an der Landschaft wird anders sein als gewohnt, die Sonne, die über dem Rand der Piste aufsteigt, die Piste, die ins Meer mündet, nichts wird dir Anlaß geben zu der Vermutung, daß für dich der Moment gekommen ist, da du dich in einem Flugzeug wiederfindest, in dem keine Passagiere und keine Piloten sitzen, niemand außer dir, wie im schlimmsten Traum. Du kannst laut sprechen, das ist nicht verboten, du kannst singen oder schwitzen, niemand wird es bemerken, du kannst dich nach rechts drehen und den leeren Sitz betrachten, wo für gewöhnlich dein Lehrer sitzt, diese Leere für die trostloseste Darstellung der absoluten Leere halten, für das quälendste Gefühl der Verlassenheit. Du kannst die Hebel zurückziehen, den Propeller abstellen, die Kabinentür öffnen, den Gurt lösen und mit erhobenen Armen aussteigen: Irgend jemand soll das Flugzeug holen, das du hier, am Anfang der Startbahn, stehenläßt, wo es auf deinen ersten Alleinflug wartet. Eine sehr weise Entscheidung, eine ehrenvolle Entscheidung. Aber wo ist dein Mut geblieben? Dein Fluglehrer steht vor dem Hangar, er sieht dich an, nicht weniger verblüfft, nicht weniger besorgt, als du selbst es bist, du kennst diese Art und Weise, wie die Fluglehrer den Himmel betrachten, wie antike Weissager, Meteorologen oder Familienväter; der Verkehr auf dem Flugplatz ist wegen deines ersten Alleinflugs bereits gesperrt worden; es ist zwar früh am Morgen, und das Gelände ist menschenleer, aber wenn man sich blamiert, hat man immer ein großes, unerwartetes Publikum.

Da bist du, aufgrund irgendeines Instinkts oder Schmerzes oder unbewußten Defekts hast du dir vorgemacht, du könntest eine solche Situation ertragen, da bist du und drückst mit den Füßen verzweifelt auf die Pedale, damit das Flugzeug nicht statt deiner entscheidet und von selbst zu rollen beginnt – möglicherweise zu seinem ersten Alleinflug; inzwischen wäre es viel komplizierter, umzukehren als weiterzumachen, deshalb kannst du dir noch einmal einbilden, keine Wahl zu haben, nachdem du alles in die Wege geleitet hast, und jetzt, im allerletzten Augenblick, willst du, angespannt und stumm, nur noch sehen, wie es ausgeht, du willst bis ans Ende gehen, ans Ende der Piste, auf jenen Augenblick des Ungleichgewichts zu, in dem alles sich hebt, abhebt und dein Schatten sich vom Boden löst.

Noch vor ein paar Minuten saß ein Fluglehrer neben dir, unerschütterlich und mit verschränkten Armen, der wiedergutmachte, wenn du aus Unverantwortlichkeit oder aus Zerstreutheit einen Fehler (der Gott Fehler) begingst, noch vor ein paar Minuten war der Tag normal und vorhersehbar, du wärst gern zu diesem Moment oder zu einem noch früheren zurückgekehrt, zur ahnungslosen Ruhe, mit der du auf dem Platz deinen Kontrollgang um das Flugzeug machtest, als wäre es gerade aus der Fabrik gekommen, und du wärst der erste Testpilot, während du einfach ein Flugschüler warst und das Flugzeug von den Mechanikern perfekt durchgecheckt worden war wie jeden Tag, du wärst gern zu dem Zeitpunkt zurückgekehrt, als du im Cockpit die Instrumente leicht berührtest, während du laut Worte von einer Liste ablasest, die du auswendig kanntest, die Morgenmesse, ein mit den Händen ausgeführtes Gebet, bei dem du »Auch das ist in Ordnung« vor dich hin sagtest, während du darauf wartetest, daß der Fluglehrer einstieg, um den Motor anzulassen, er stieg immer im letzten Augenblick ein, er hatte keine Zeit zu verlieren. Bruno war nicht nur ein Fluglehrer, er war ein Indianerhäuptling, ein alter Indianerhäuptling, der wenig Worte machte und noch weniger Erklärungen abgab. Bruno war ein Lehrer, der nichts erklärte, und wie dies bei einer derart heiklen Materie möglich war, davon soll später noch die Rede sein. In Brunos Vorstellung ging ein Flugmanöver mit absoluter Disziplin und Strenge einher, aber noch wichtiger war die Intuition, ein perfekt ausgeführtes Manöver war noch gar nichts, das mindeste, was man verlangen konnte, natürlich sagte er das nicht, aber man begriff, daß es so war, Fliegen war etwas ganz anderes als ein gut ausgeführtes Manöver. Er erklärte nichts, er benahm sich, als würdest du bereits alles wissen, und das, was du nicht wußtest, also alles, mußtest du aus seinen stummen Blicken erraten, aus seinem Gesichtsausdruck, aus der Art und Weise, wie er dich bei den Manövern kritisierte, mit raschen und lautlosen Gesten, indem er mit dem Finger auf ein Instrument oder den Horizont draußen oder einen unsichtbaren Bezugspunkt am Himmel zeigte, so stellte er sich Lernen vor. Nie und nimmer hätte er dir verraten, wann für dich der Augenblick kommen würde, allein zu fliegen. Wie alle betetest du, er möge zwischen der sechsten und der achten Flugstunde kommen, sonst würde er, das wußtest du, nie kommen.

Dann war Bruno eingestiegen, und du hattest zu warten begonnen: darauf, daß er seine Lesebrille aufsetzte und den Flugplan ausfüllte, darauf, daß er gleichzeitig ein Zeichen mit der Hand machte, das bedeutete, anlassen und los, darauf, daß man vom Tower die Freigabe zum Rollen bekam und daß man dann am Anfang der Piste die Freigabe zum *line-up* und zum Starten bekam, das Warten war genauso ein Bestandteil des Fliegens wie das Fliegen selbst, das Warten, während dessen man immer wieder die Instrumente überprüfte, man kann das Warten immer sinnvoll nutzen, es gibt immer etwas zu tun an Bord, bevor man den Gashebel nach vorn drückt und sich ruckend in Bewegung setzt, und wenn du jetzt daran zurückdachtest, hättest du es tun müssen. Sobald die kosmische Ordnung oder die Gesamtheit der Ereignisse oder der Zufall endlich zum Start bereit war, gabst du Vollgas, nahmst den Fuß von der Bremse, warfst einen Blick auf Drehzahlmesser und Windsack und glichst den Links- und Rechtsdrall des Flugzeugs mit den Pedalen aus. Der Start ist eine Metamorphose, eine Menge Metall verwandelt sich mit Hilfe der Luft in ein Flugzeug, bei jedem Start wird ein Flugzeug geboren, auch diesmal hattest du das empfunden, verblüfft wie bei jeder Metamorphose; gegen Ende der Verwandlung und der Piste spürst du, daß das Flugzeug ausbrechen will, es gehört nicht länger der Erde an, es ruckt zu sehr, es giert zu sehr nach links und rechts, du hältst es nicht mehr am Boden, lieber fliegen, als so dahinzurollen, du wartest nur darauf, daß endgültig ein Flugzeug daraus wird, am liebsten wäre dir, wenn es schon eines wäre, in diesem Augenblick steigt es manchmal von allein auf, und kaum ist es aufgestiegen, beruhigt es sich, oder manchmal genügt es, den Steuerknüppel leicht, ganz leicht zu ziehen. Du hattest ihn vorsichtig angezogen, nur ein paar Millimeter, um das Flugzeug nicht vom Boden zu reißen, dann hattest du achtlos noch einmal daran gezogen, als würdest du ein Wort wiederholen, das du zu leise ausgesprochen hattest und das nicht gehört worden war. Du zogst langsam daran, aber das Flugzeug kam nicht. Du zogst kontinuierlicher daran, aber das Flugzeug folgte dir nicht. Du zogst entschieden daran, und das Flugzeug hob nicht ab. Du hattest einen Blick auf die Piste geworfen und festgestellt, daß du bereits mehr als die Hälfte zurückgelegt hattest, du sahst den Hafenkanal, schau, wie er näher kommt, oder schau lieber auf das Armaturenbrett und die Instrumente, konzentrier dich besser, und du hattest dich der Reihe nach an die Instrumente gewandt, wie um sie zu bitten, dir bei einer Streiterei auf der Straße recht zu geben, und sie hatten dir recht gegeben, die Werte stimmten, aber das Flugzeug hob nicht ab. Ohne dich zur Seite zu drehen, hattest du versucht, einen Blick auf Brunos Profil zu erhaschen, steinernes Profil, verschränkte Arme, geradeaus gerichteter Blick, er schien zu warten; aber es gab nichts zu warten; die Piste ging zu Ende, das Flugzeug hob nicht ab, und du hattest keinen Platz mehr zum Bremsen. Konzentrier dich noch einmal, schau auf die Instrumente, schau genauer hin, und als du lange genug geschaut hattest, sahst du es endlich, was fehlte, wer hätte das gedacht?, die Klappen fehlten, der Hebel für die Klappen stand ganz oben, Klappen auf Null, du hattest die Klappen vergessen. Vor dir lagen noch vierzig Meter Piste, nicht mehr, dann das Meer, du hattest versucht, die Hand von der Motorsteuerung unauffällig auf den Klappenhebel gleiten zu lassen, ohne daß Bruno es bemerkte, du konntest es gar nicht erwarten, den Hebel runterzudrücken, die Piste ging tatsächlich zu Ende, mit der Linken hieltst du den Steuerknüppel, mit der Rechten gabst du dem Hebel beinahe heimlich einen entschiedenen Schlag. Die Geschwindigkeit war bereits so hoch, daß das Flugzeug angesaugt wurde, sobald sich die Klappen auf der Rückseite der Tragflächen senkten, es wurde hochgestemmt und löste sich wie befreit vom Boden, es wurde emporgezogen, über den Erdwall, vor dem die Piste in ebendiesem Augenblick zu Ende ging, über den Hafenkanal, über die Lagune und das Meer.

Brunos Schweigen hatte sofort deine Besorgnis erregt, es war besser, etwas zu sagen. Du sagtest, *Wir* haben die Klappen vergessen, im Ton einer zerstreuten Beobachtung, in einer ironischen Pluralform, die auch ihn für diese Vergeßlichkeit verantwortlich machte, obwohl er niemals die Klappen vergessen hätte, und außerdem saßest du am Steuer und trugst die Verantwortung, das wußtest du sehr gut. Bruno hatte keine Antwort gegeben, und du hattest den Steigflug fortgesetzt und auf Anweisungen gewartet; nach dem Start verkündete er immer das Programm des Fluges, was stand heute auf dem Plan, Überziehen bis zum Sackflug und Schrauben? Steilkurven? Navigation? die Simulation einer Motorpanne? Radaranflug? Aber Bruno hatte nichts gesagt, weder mit Worten noch mit Blicken, er hatte einfach eine weit ausholende Kreisbewegung mit der Hand gemacht, eine Geste, die nach unten führte, deren Kreisbewegung eine Wende über dem Meer, eine rasche Rückkehr auf die Insel und eine augenblickliche Landung meinte, eine endgültig letzte Landung, wie du anhand der brüsken Bewegung zu erkennen glaubtest. Das war das Programm.

Die Angst von vorher, die Angst vor der zu Ende gehenden Piste, war nichts im Vergleich zu der Verzweiflung, die du nun empfandest, wahrscheinlich warst du bis in die Seele errötet; am liebsten wärst du hier in der Luft ausgestiegen und hättest ihm das Flugzeug überlassen; dann hattest du gehofft, dich zumindest mit einer schönen Landung zu verabschieden, um nicht zu sagen, mit einer perfekten Landung, du hättest ihm gezeigt, was für ein Meisterwerk deine letzte Landung sein würde, aber im Landeanflug über den Bäumen, die unweigerlich jedes Flugfeld begrenzen, warst du in eine Bö geraten: leichte Schräglage des Flugzeugs, augenblickliche Korrektur, Aufsetzen auf nur einem Rad, Abprall, neuerliches Aufsetzen, wieder ein Abprall, Landung. Du rolltest gerade auf den Hangar zu, du wolltest so bald wie möglich dort ankommen, aber in dem Augenblick, in dem du auf den Rollweg einbogst, hattest du einen Widerstand an den Pedalen bemerkt, jetzt schaffe ich es nicht einmal mehr, am Boden zu wenden, hattest du zu dir gesagt, dann jedoch begriffen, daß Bruno die Pedale von seiner Seite aus blockierte, er bremste das Flugzeug am Rande der Piste. Was gab es noch? Du hattest den Propeller auf Leerlauf gestellt, Bruno hatte dir einen raschen Blick zugeworfen. Dann, indem er dich genauer ansah, hatte er gesagt: Trauen Sie sich, allein hochzugehen?

Verstell dich nicht, du hast sehr wohl verstanden, es ist ja erst vor ein paar Minuten geschehen; du hast sehr wohl begriffen, und du mußtest all deine Gefühle Revue passieren lassen, um damit fertig zu werden, und dann noch einmal, um sie im Zaum zu halten und weder allzu glücklich noch allzu entschieden zu wirken und zu antworten, Wenn Sie meinen, vielleicht ja. Bruno funkte den Tower an und bat, den Verkehr auf dem Flugplatz vorübergehend zu sperren, er nannte den Grund seiner Bitte. Dann sagte er zu dir, Also, alles wird anders sein, Sie werden früher abheben, Sie werden schneller steigen, ich werde Ihnen am Boden, vom Rand des Flugfeldes aus, folgen, richten Sie alle Funksprüche an mich, als ob Sie mit dem Tower sprächen. Er hatte dir einen letzten Blick zugeworfen, womit er auch dich in seine allgemeine Kontrolle mit einbezog: das, was deinem Gesicht abzulesen war, die Hebel, die angelegten Gurte, das Cockpit des Flugzeugs. Sobald er ausgestiegen war, versicherte er sich noch, ob die Kabinentür gut verschlossen war.

Allein, du warst also allein, ein »Solist«, wie dieser Flug in den Unterlagen der Flugsicherung registriert werden wird, als ob du ein Geigenspieler wärst, statt dessen bist du jemand, der allein in einem Flugzeug sitzt, mitten auf der Piste, Funkverbindung aufnimmt und meldet, bereit zum Start zu sein, und du kannst es noch immer nicht glauben, aber du bist bereits in Startposition, schwierig zu sagen, ob du auch bereit bist, Bruno antwortet, Freigabe zum Start, und erinnert dich an die Angaben über den Wind, Geschwindigkeit und Richtung, aber wer hat schon Zeit, an den Wind zu denken, sich vorzustellen, woher er kommt und wie stark er ist, man wird sehen, inzwischen hast du die Hebel nach vorn gedrückt, du hebst die Zehenspitzen von den Pedalen, gleich wird man sehen, das Flugzeug rollt bereits, nach einem Viertel der Piste fragst du dich noch immer, warum Bruno beschlossen hat, dich allein starten zu lassen, anstatt dich für immer und ewig davonzujagen, nach der Hälfte der Piste beginnst du so etwas wie Verantwortung zu spüren, auch wenn du nicht recht weißt, wofür; dann, je mehr sich das Flugzeug in ein Flugzeug verwandelt, verwandelst du dich in Bruno und wirst dein eigener Fluglehrer, und in dieser neuen Dimension kontrollierst und kritisierst und korrigierst du dich wie einen Schüler. Es gibt Dinge, die getan werden müssen, und sie löschen jeden anderen Gedanken aus, und erst jetzt, nachdem du diese Dinge getan hast, nachdem du geschlossen hast, was zu schließen war, geöffnet, was zu öffnen war, und eingestellt, was einzustellen war, jetzt, wo das Flugzeug ausgetrimmt am Himmel fliegt, jetzt betrachtest du das Meer und den Horizont, über dem ein leichter Morgennebel liegt, und zum erstenmal siehst du sie nicht nur als Orientierungspunkte, um Kurven, Steig- oder Sinkflüge danach auszurichten, sondern als Landschaft, deren Teil du von nun an sein könntest, so wie du am Boden Teil der Flüsse und Berge bist.

Du gleitest die Küste entlang, mit einem Gefühl von Unbeweglichkeit und Dauer, rechter Hand die Insel, linker Hand das Meer, du gleitest dahin und erinnerst dich, wie du das erstemal mit Bruno hier heraufgekommen bist, an deinen ersten Flug, bei dem du das Steuer noch nicht angefaßt hast, an deinen Einweisungs- und Bewährungsflug, noch vor der ärztlichen Untersuchung, du saßest rechts, was für eine schöne Aussicht, Bruno hatte ruhig Höhe gemacht und dich irgendwann gefragt, Sitzt Ihr Gurt schön fest, du hattest zerstreut bejaht, er hatte die Brille herausgeholt, sich über das Metallschildchen mitten auf dem Armaturenbrett gebeugt, wo auf englisch stand, welche Sicherheitsgrenzen das Flugzeug beim Kunstfliegen hatte, er war, ohne den Steuerknüppel loszulassen, mit dem Finger über die erhabenen Buchstaben gefahren, Drei Umdrehungen und nicht mehr, hatte er laut gelesen, als ob er dieses Flugzeug nicht in- und auswendig kennen würde und als ob auch dir mitgeteilt werden müßte, daß nach der dritten Umdrehung keine Hoffnung mehr bestand, davonzukommen, dann hatte er, ohne noch etwas hinzuzufügen, die Brille abgesetzt und die Maschine ins Trudeln kommen lassen, dein ganzer Körper wurde nach vorne geworfen, im Sitzen stürztest du nach unten und drehtest dich dabei um die eigene Achse, das Ufer und der Strand unter dir drehten sich in entgegengesetzter Richtung wie in einem Film, Drei Umdrehungen, hatte er gesagt, dir kamen sie jedoch wie dreißig oder dreihundert vor, jetzt sterbe ich mit diesem Herrn, den ich nicht kenne, wie hättest du auch damals wissen können, daß Bruno Bruno war, daß er Kunstflieger und Testpilot gewesen war, daß er in den Jahren nach dem Krieg seinen Lebensunterhalt damit verdient hatte, bei öffentlichen Flugschauen Rollen zu fliegen, daß er auf jedem Flugzeugtyp insgesamt dreißigtausend Flugstunden hatte? Du betetest zu Gott, daß der Herr mit den weißen Haaren ganz genau wußte, was er tat, und daß er Herr seiner selbst war, daß das Flugzeug hielt, daß dieser schwindelerregende Sturzflug, bei dem sich das Flugzeug in die Tiefe schraubte, so bald wie möglich zu Ende war.

Ganz zu schweigen vom nächsten Mal, als er dich sofort links auf dem Pilotensitz Platz nehmen ließ, kaum vorzustellen; von der großen Auswahl an Instrumenten und Zeigern und elektronischem Schnickschnack auf dem Armaturenbrett erklärte er dir das unbedingt Notwendige, dann forderte er dich auf zu starten, ihr flogt direkt auf das offene Meer zu, an einem grauen und düsteren Tag, und allmählich wurde das dichte Grau zu einer gleichförmigen und einschläfernden Masse, da sagte Bruno plötzlich, Kehren wir um, wo ist der Flugplatz? Du drehtest dich um, um einen Blick durch die Heckfenster zu werfen, aber hinten bot sich derselbe Anblick wie vorne, Grau in Grau, so weit das Auge reichte, nirgendwo ein Stück Boden, nichts anderes als diese schreckliche und eintönige, mit den Augen wahrzunehmende Flaute. Du fragtest ebenfalls, Ja genau, wo ist der Flugplatz? Bruno antwortete mit einem Achselzucken, Sie sitzen am Steuer, sagte er, Sie müssen es wissen, Sie bringen uns jetzt nach Hause. Du begannst langsam nach links zu wenden, rein intuitiv, was wußtest du damals von einem Kompaß, vom Gegenkurs, von Instrumenten zur Positionsbestimmung, die dir noch nichts sagten, und so begannst du, allein mit Hilfe räumlicher Erinnerung und intuitivem Orientierungssinn nach links und noch einmal nach links zu wenden, und als du glaubtest, es müsse reichen, stelltest du das Flugzeug gerade, dann wandtest du dich Bruno zu, in Erwartung einer Zustimmung oder eines Kopfschüttelns, aber aufs neue erntetest du nichts als ein Achselzucken. Du flogst weiter ins Grau hinein, nach vorne gegen die Kanzelverglasung gebeugt, um besser sehen zu können, um zu erraten, wo sich die Küste befand, aber die Küste war nicht zu sehen, du blicktest dich nach allen Seiten um, aber nirgendwo war Land, bis schließlich im Grau eine noch grauere, zarte und ferne Linie auftauchte, da war also die Küste, aber welche Küste, welcher Punkt der Küste, bravo, du hattest Land gesichtet, aber der Flugplatz war nicht da, nicht einmal die Stadt und auch nicht die Lagune, ihr befandet euch südlich davon. Als die Küste reale Umrisse annahm, zeigte dir Bruno mit der Geste eines Karawanenführers die Richtung, Merken Sie sich, sagte er, von wo Sie auch starten, wenn Sie dorthin zurückkehren wollen, müssen Sie die Position bestimmen.

Brunos Stimme im Funkgerät fordert dich jetzt auf zu landen; die erste Landung allein ist naturgemäß die Kehrseite des ersten Alleinstarts, wehe , wenn es sie nicht gäbe. Wenn Bruno über Funk spricht, schwingt immer ein wenig Unsicherheit und Sorge mit, das war dir bereits aufgefallen, als du ihn einmal im Tower mit dem Lotsen hattest sprechen hören, Bruno nähert sich den Worten mit Vorsicht und von irgendwoher, als ob man sie nur in Ausnahmefällen gebrauchen sollte, wenn es wirklich nicht anders geht; diesmal ist seine Stimme noch brüchiger, seine Besorgnis noch größer, vielleicht weil die Bäume am Ende der Piste dich seinem Blickfeld entziehen und er sich am Boden im Fliegerjargon nach deiner Position erkundigt und dich gleich darauf schlicht und einfach fragt, ob alles in Ordnung ist, und du gibst ihm im Fliegerjargon deine Position durch und sagst, Ja, alles in Ordnung. Und endlich, während du die Landehilfen kontrollierst, während du die Enteisungsvorrichtung abschaltest und das Gemisch anreicherst, die Leistung zurücknimmst und die Klappen in eine Stellung von zehn Grad fährst, begreifst du, daß sich beim ersten Alleinflug zwei Ängste begegnen, deine und seine, die sich wechselseitig bedingenden und übereinstimmenden Ängste zweier Menschen, die gezwungen sind, etwas gemeinsam zu bestehen, obwohl sie sich nur flüchtig kennen. Was weiß Bruno von dir? Nichts. Reine Intuition. Hat er dich jemals bei einem deiner hysterischen Anfälle erlebt? In den Augenblicken völliger Zerstreutheit? Hat er dich jemals dabei beobachtet, wenn dich etwas fasziniert und du außer dich gerätst und deinen Körper zurückläßt wie eine Zeitung, die einen Stuhl freihalten soll, auf dem du nicht mehr sitzt? In den Augenblicken kalter, blinder, eiskalter Wut und reinen Hasses? – Kräfte des Bösen, die du gerne ausleben möchtest. Und was würde Bruno dazu sagen, wenn er wüßte, daß du am Abend, wenn du den Flugplatz verläßt und dich auf den Weg nach Hause machst, kleine Liedchen komponierst, zu denen du dich dann im Takt bewegst, so wie dieses:

The night has arrived
the planes sleep
the tower is off
the fax makes a beep

Wenn du an Brunos Stelle wärst, würdest du so einem ein Flugzeug überlassen? Wie kann er zu dem Schluß gekommen sein, daß du bereit bist, was weiß Bruno von dir? Doch nur, was er aufgrund einer genau festgelegten Praxis, der des Fliegens, beurteilt haben kann, aufgrund einer Haltung und eines Tuns, die gewiß meßbar sind, alles andere aber, alles andere eines Menschen, das mehr zählt, besonders in den entscheidenden Momenten einer Notlage in der Luft, muß er erraten, muß er sich eben aufgrund dieses Tuns, des wenigen, was du getan hast, vorstellen; und darin besteht sein Risiko, und wenn es gerade jetzt eine Panne gäbe?, ein Motor weiß nicht, wer am Steuer sitzt, die Wahrscheinlichkeit nimmt keine Rücksicht auf die Umstände oder die Flugerfahrung. Der andere, in diesem Fall du, müßte sich gut genug kennen, zumindest hofft man das, aber wer weiß, ob er genug vom Fliegen versteht, ob er genug vom »Wissen des Piloten« besitzt, von dem er in diesem Augenblick seines Lebens, bei seiner ersten Landung, glaubt, daß es das einzig Wichtige ist, und darin besteht dein Risiko. Hier, bei deiner letzten Kurve, bei der die Stadt direkt vor dir auftaucht, rechter Hand die Insel, unter dir der Flugplatz; stell den Funk ein, ruf beim letzten Meldepunkt den Tower, Klappen ganz raus, Fahrgestell, Bordscheinwerfer. Da steht Bruno, ganz klein im Gras am Rand der Piste, das Gesicht dir zugewandt und den Kopfhörer überm Ohr, So ist's gut, sagt er zu dir, So ist's gut, wiederholst du und überprüfst die Entfernungen und die Fluglage, du sitzt auf einem Vermögen an Geschwindigkeit, das du abbauen mußt, an Höhe, die du reduzieren mußt, der Sinkflug ist während der ganzen Strecke der Augenblick größten Reichtums (der Körper nimmt als erster dieses Vermögen wahr, das er ausgeben darf, den Reichtum des Sinkfluges, des Falls, das Glück des wiedergefundenen Gewichts und der Schwerkraft), drück die Schnauze runter, laß das Flugzeug gehen, laß dich gehen, laß dich im Gleitflug über die Bäume sinken, wärst du nicht so konzentriert und angespannt, könntest du sehen, wie dein Schatten vor dir hereilt, weil du die Sonne im Rücken hast, wie er größer wird auf dem Rasen und vor dir aufsetzt, dein Schatten ist bereits gelandet, dein Flugzeug ist bereits gelandet, laß dich gehen, setz das Hauptfahrwerk aufs Gras und halte das Flugzeug einen Augenblick lang in dieser Lage, gleich darauf bleibt auch das Bugrad am Boden haften, jetzt mußt du nur noch bremsen, allmählich, entschieden bremsen, bis das, worin du sitzt und was dich trägt, langsamer wird und kein Flugzeug mehr ist.

Du hast nichts weiter zu tun, als zum Hangar zurückzurollen, *taxi to park*, ein Manöver, für das Bruno dir per Funk die Freigabe erteilt hat, bevor er dich mit dem Tower verband, da der Flugplatz wieder für den Verkehr geöffnet wird; es ist lediglich die Freigabe, zurückrollen zu dürfen, aber dir erscheint es als eine umfassendere Berechtigung, man hat dich zu etwas berechtigt, was soeben begonnen hat und dem nur ein endgültiges Ereignis ein Ende setzen könnte, eine prinzipielle Berechtigung mit kleinen Zusatzberechtigungen, wie zum Beispiel jene, weniger streng von dem Mechaniker beurteilt zu werden, der am Ende des gelben Streifens, an dem du mit dem Bugrad entlangrollst, die überkreuzten Unterarme hebt, was Ende und Stop bedeutet, Triebwerk abschalten.

(Gäbe es im Gedächtnis ein eigenes Fach für das »erste Mal«, denkst du, während du überprüfst, ob alles abgeschaltet ist, würdest du den ersten Alleinflug dorthin legen, wo sich auch das »erste Mal« in der Liebe befindet, denn die Intensität ist dieselbe; merkwürdig jedoch, daß sich für dich die erste und überwältigendste Verschmelzung mit einem anderen Menschen in Gesellschaft mit der ersten und größten und radikalsten Einsamkeit befindet, bei der du als Alleinflieger in der Luft bist.)

Und überraschenderweise schenkt dir Bruno, als du aus dem Flugzeug aussteigst, zwar kein Lächeln, aber immerhin einen erleichterten Blick und ein »Du«, eines von der Sorte, das die Entfernungen nicht verkürzt, ganz im Gegenteil, und auch das Verhältnis zueinander nicht ungezwungener macht, das dir jedoch später in seinem Büro – sofern man einen alten Schreibtisch aus den vierziger Jahren, einen Ständer mit Luftkarten, einen Schaukelstuhl und einen Monitor, auf dem Italien und die Wolken aus der augenblicklichen Perspektive eines Wettersatelliten zu sehen sind, als Büro bezeichnen kann – gestatten wird, diesen Fluglehrer, der stets weißes Hemd und Krawatte trägt und gerade in deinem Bordbuch deinen ersten Alleinflug vermerkt, in der neuen Dimension des »Du« zu fragen, warum gerade heute, warum gerade heute morgen, da du doch die Klappen vergessen hattest und ihr fast im Meer gelandet wärt; und das ihm gestatten wird, dir mit einem schnellen und erstaunten Blick zu antworten, Warum wohl?, verwundert, daß du es nicht begriffen hast. Wegen des Fehlers, aufgrund des Fehlers, du hast den Fehler bemerkt. Aber er sagt es schroff, fast leise, als handle es sich um etwas Offensichtliches und gleichzeitig Geheimnisvolles. Wann sonst, sagt er abschließend und gibt dir dein Buch zurück. Kaum hast du das Büro verlassen, bleibst du im schräg einfallenden Licht des Morgens stehen und blätterst es durch, du suchst die Eintragung, die Unterschrift, die dir endgültig Zutritt zu den Orten des himmlischen Fehlers gewährt, wo jeder Irrtum eine Narbe ist, die jedoch den Rückfall nicht verhindert.

Zwischen der 1423. Sekunde und der 1797. Sekunde

Die Nacht senkte sich auf das Flugfeld, alle waren bereits weg, die Mechaniker, Bruno, die Männer aus dem Tower, auch die Dame aus der Bar war gegangen, ich blieb allein mit den Pistenfeuern, bläulichen Insekten im Gras, stummen Leuchtkäfern in regelmäßigen Reihen. Ich betrachtete den Schatten, den die Tische im Mondlicht auf die Terrasse warfen, ich betrachtete die Nacht, den unendlichen Horizont der Nacht, Himmel und Meer, die nur von feinen Lichtstreifen, den fernen Küsten, getrennt wurden. Ich fühlte mich als Hüter dieses nächtlichen Raums, jemand hatte mir die Schlüssel für den Tower überlassen, ich sollte die Pistenbefeuerung ausschalten, bevor ich ging. Ich war noch nie so lange geblieben, die schwüle Augustnacht trieb auf ihren Höhepunkt zu. Vielleicht war es die Hitze, oder vielleicht schlief ich ein, in einer Sekunde, dachte ich, stehe ich auf und gehe, noch eine Sekunde, und ich stehe auf, ich schalte die Landelichter aus und gehe, und vielleicht hätte ich es getan, ich war drauf und dran, es zu tun, aber in der nächsten Sekunde bemerkte ich, daß sie da waren. Sie saßen im Dunkeln vor mir, warum sah ich sie erst jetzt? Sie waren zu zweit, ich hielt sie für eine Einbildung, als ich aber ihre Stimmen hörte, begriff ich mit einem Schaudern, daß sie wirklich da waren. So hätte das Wetter sein sollen an diesem Abend, sagte der jüngere Mann, so mondhell hätte es sein sollen, so klar… dann wandte er den Blick vom

Himmel, senkte den Kopf und sah mich an, und ich erkannte mit erneutem Schaudern seine Augen im Dunkeln. Der andere, der Ältere, sah zur Seite, als wolle er sich klarwerden, wo er sich befand, er blickte zur Seite und rieb mit dem Nagel der einen Hand einen Nagel der anderen, als ob ihm das Sprechen Mühe bereitete oder einen unerträglichen Schmerz. Jetzt, sagte der Jüngere, nach so langer Zeit, können wir endlich nachrechnen, wie lange der kurze Augenblick an jenem Abend gedauert hat, der erfüllt war von absolutem Staunen, dem Staunen, das in deiner Stimme lag, als du im letzten Augenblick sagtest, Wir stürzen ab … ohne dabei aufzuschreien, mit erstickter Stimme aufgrund des Drucks und der Schwerkraft, die uns nach unten zog, resigniert angesichts eines unglaublichen Vorfalls, eines so dummen, unzeitgemäßen Vorfalls wie dem eines vom Eis verursachten Strömungsabrisses. Du warst der Pilot, ich war dein Copilot, abgesehen vom Alter unterschieden wir uns aufgrund deiner Erfahrung mit Jets und meiner Erfahrung mit Propellermaschinen … Ja, ich war der verantwortliche Pilot, sagte der Ältere, aber diese Strecke bist du geflogen, ich habe erst zum Schluß eingegriffen, aber das ist inzwischen egal, glaub mir, es ist wirklich egal. In der 1423. Sekunde, begann der Jüngere von neuem, batest du die Stewardeß, den Passagieren das Abendessen zu servieren, erinnerst du dich, dein Ton war der eines Gastes, der gerade zu Tisch geht, alles ging gut, keine Turbulenz. Wenn du Kaffee machst, bringst du mir einen mit ein wenig Zucker? Du fragtest sie auch, ob ein Tablett für uns zwei übrig sei, sie antwortete, die Tabletts seien abgezählt, aber vielleicht würden nicht alle Passagiere etwas essen, du sagtest, sofern eines übrigbleibe, sei es für mich. Merkwürdig, sprachen wir wirklich soviel übers Essen? sagte der ältere Mann und schüttelte kaum merklich den Kopf. Ja, wir sprachen übers Essen, dann, in der 1492. Sekunde, als sich das Flugzeug in stetigem Steigflug Richtung Alpen befand, sagtest du, Ruhen wir uns ein wenig aus, und in diesen Sekunden passierten wir genau den Punkt, an dem ein anderes Flugzeug vor uns wegen des Eises auf Gegenkurs gegangen war, aber wer konnte das wissen? Wir sendeten auf einer anderen Frequenz, wir konnten seine Funksprüche nicht empfangen. Wir setzten den Steigflug fort, und in der 1653. Sekunde bemerkte ich, daß etwas nicht stimmte, wir verloren an Steiggeschwindigkeit, wir dachten beide dasselbe, wir dachten sofort an Eis, ich schaltete die Lichter auf der Tragfläche ein und versuchte zu erkennen, wo es sich bildete, hattest du nicht auch den Eindruck, daß es an der Hinterkante der Tragfläche auftauchte?, du antwortetest mir, Ja, da oben ist es, schau. Klareis, das schlimmste Eis, mit dem man es beim Fliegen zu tun hat, Eis, das sich ganz plötzlich bildet, wenn man in eine Wolke hineinfliegt, als ob man eine Ohrfeige bekäme, schwierig wieder loszuwerden, unterkühltes Wasser im Inneren einer Wolke, Wasser, das sich noch im flüssigen Zustand befindet, obwohl die Temperatur unter Null ist, unsichtbare Tröpfchen in labilem Gleichgewicht, die nur deshalb Tröpfchen bleiben, weil sie von einem Wasserhäutchen umschlossen sind, das sie daran hindert zu gefrieren, aber kaum wird das Häutchen durchstoßen, verfestigen sich die Tröpfchen rund um den Körper, der sie zerbrochen hat. Wir flogen mit zweihundertsiebzig Stundenkilometern in diese Wolke hinein, wir zerbrachen Millionen, Milliarden Tröpfchen, die sich augenblicklich verfestigten und an die Tragflächen hefteten wie Schalentiere an einen Wal, wir wurden von blankem Eis bedeckt, das Profil der Tragflächen war nicht mehr dasselbe, ganz zu schweigen vom Gewicht. In der 1740. Sekunde sagtest du zu mir, Leg ein paar Knoten zu, sonst verlieren wir an Höhe, und ich tat es, aber in der 1748. Sekunde kippte die Maschine plötzlich auf meiner Seite über die Tragfläche weg, das Flugzeug neigte sich um vierzig Grad, nicht einmal sehr viel, wie bei einer Steilkurve, ich schaltete augenblicklich den Autopiloten aus und steuerte das Flugzeug von Hand, ich war so schnell, daß du es nicht einmal bemerktest, du sagtest, Schalte den Autopiloten aus, und ich antwortete, Ich habe ihn doch schon ausgeschaltet, in der 1750. Sekunde ertönte die Überziehwarnung, ich versuchte, das Flugzeug, das an Höhe verlor, geradezuhalten, aber dann kippte es auf deiner Seite weg, hundert Grad Neigung nach links, hundert Grad, wissen Sie, was das bedeutet? fragte der junge Mann, wobei er sich an mich wandte, das heißt, daß das Flugzeug in den Messerflug geht, ein Passagierflugzeug im Messerflug, und er schüttelte verzweifelt den Kopf, in der 1755. Sekunde spürte ich einen Schlag auf die Steuergeräte, das war die automatische Vorrichtung, die den Steuerknüppel mit einem Druck von vierzig Kilo durchdrückt, um dem Strömungsabriß entgegenzuwirken, ich sagte laut, Runter ... runter ... runter ... du sagtest laut, Halt ... halt ... und übernahmst das Steuer. Wieder riß die Strömung ab, das war der dritte Strömungsabriß, diesmal kippte die Tragfläche erneut auf meiner Seite ab, noch einmal hundert Grad nach rechts, du verfluchtest das Flugzeug, du schriest, Scheißmaschine, ich erinnere mich gut daran ...

Der Chefpilot hörte zu, als ob er diese Sekunden millionenmal in der Erinnerung durchlebt hätte. Hören Sie ihn? fragte er mich und rückte den Schirm der Mütze zurecht. Hören Sie, wie er davon spricht? 1492, 1653, 1748, als ob es Jahre wären, historische Daten, dabei waren es kaum dreihundert Sekunden, fünf Minuten, fünf Minuten, um zu begreifen, um die Situation zu erfassen, um verzweifelt zu agieren, in einer Nacht im Frühherbst, während wir endlos durch die Wolken flogen, an einem Himmel voll schrecklichem Eis. Und wir tun noch immer nichts anderes, wir sind auch nach dem Absturz zusammengeblieben, es läßt ihn nicht in Ruhe, dabei taten wir genau, was im Flughandbuch stand, nicht mehr und nicht weniger, aber Sie sehen ja, wie er ist, vielleicht weil er jung ist und es für immer bleiben wird.

Wir schwiegen alle drei, und in unserem Schweigen hörten wir deutlich die Zikaden und die warme Brise vom Meer. Wir betrachteten den Flugplatz. So wie er dalag, im Licht des Mondes und mit den Bäumen am Rand, mit dem Gebäude aus den dreißiger Jahren und den alten, halbtonnenförmigen Hangars aus Metall, den aufgelassenen, aus der Zeit der Faschisten stammenden Werkstätten auf der anderen Seite der Piste, der Grasbahn und dem doppelten Streifen der Pistenbefeuerung, die ins Meer mündeten, hätte es jeder x-beliebige Flugplatz sein können, jedes x-beliebige Flugfeld irgendwo auf der Welt an der Grenze zwischen Land und Meer, in Erwartung irgendeines Starts und irgendeiner Landung, in irgendeinem Jahr oder Jahrzehnt dieses ersten Jahrhunderts der Luftfahrt, ein Ort, wo jede Abreise und jede Ankunft hätte stattfinden können, jede nicht erfolgte Abreise und jede nicht erfolgte Ankunft.

Dann, fuhr der junge Mann in Uniform leise fort,

dann, in der 1760. Sekunde, schmierte das Flugzeug erneut auf meiner Seite ab, du gabst mir den Befehl, die Leistung zurückzunehmen, und ich tat es, in der 1764. Sekunde ertönte wieder die Überziehwarnung, die Tragfläche auf deiner Seite kippte zum x-tenmal ab, diesmal um 135 Grad, das Flugzeug stürzte beinahe im Rückenflug in die Tiefe, können Sie sich das vorstellen, ein Passagierflugzeug im Rückenflug, seufzte der junge Mann, drehte seine Hand um, so daß die Handfläche nach oben zeigte, und ließ sie fallen, Auch wir beide standen kopf, und während mir das Blut in den Kopf schoß und alles bebte, gelang es mir irgendwie, zwischen den Lämpchen auf dem Armaturenbrett die Geschwindigkeitsanzeige zu erkennen, die Geschwindigkeit stieg rasch von 185 auf 231 Knoten, ganz langsam verringerte sich die Neigung, die Maschine kippte jetzt nicht mehr über die Tragflächen weg, ich dachte, vielleicht schaffen wir es, vielleicht fangen wir sie ab, wir versuchten sie auszuleiten, indem wir sie ein wenig hochzogen, es war die 1771. Sekunde, ich schrie dir zu, Zieh sie hoch, zieh sie hoch ... du antwortetest mir, Ich ziehe ja, in diesem Augenblick überschritten wir 250 Knoten, die zulässige Höchstgeschwindigkeit, und so begann auch die Overspeed-Warnung zu läuten. In der 1779. Sekunde sagtest du wieder, Ich ziehe, wir waren jedoch schon im Sturzflug, mit mehr als 330 Knoten, bei dieser Geschwindigkeit ist die Maschine nicht mehr kontrollierbar, und du schriest, Das Steuer blockiert! In der 1787. Sekunde schriest du noch einmal, Zieh sie hoch, und ich antwortete, Ich ziehe, die Abrißwarnung läutete, die Overspeed-Warnung läutete, alles läutete, alles bebte und fiel, ich weiß wirklich nicht, mit welcher Kraft ich in dieser Position und bei dieser

Geschwindigkeit den Funkknopf drückte, und sagte, Milano, Alitalia 460, sind in Flugnot ... als ob uns dieser Funkspruch hätte retten können, als ob irgend jemand etwas für uns und das Flugzeug hätte tun können, ich begriff, daß wir es verloren hatten, daß wir verloren waren, und in diesem Augenblick, in der 1797. Sekunde, sagtest du leise, mit erstickter Stimme zu mir, Wir stürzen ab, du sagtest leise und verzweifelt und verwundert, Wir stürzen ab ... In der Sekunde darauf ...

Ich bitte dich, sagte der Chefpilot, ich bitte dich, und er sagte es wie ein rituelles Gebet, an dessen Wirkung er nicht recht glaubte, nicht so sehr, weil er den Knall jenes letzten Augenblicks nicht hören wollte, sondern vielleicht, weil er seinen Copiloten beruhigen wollte, weil er vielleicht wollte, daß der andere diesen Augenblick nicht hörte, daß er ihn auf immer und ewig vergäße, ein sinnloses Gebet, denn gleich darauf fuhr der junge Mann im selben Tonfall fort, er sagte, Man sah nichts mehr, wir stürzten mit einer Geschwindigkeit von zehntausend Fuß in der Minute ab, in der 1653. Sekunde hatte ich festgestellt, daß etwas mit dem Flugzeug nicht in Ordnung war, in der 1797. Sekunde, weniger als drei Minuten später, war das Flugzeug kein Flugzeug mehr, wir waren nur noch fünfzehntausend Kilo Metall und glasfaserverstärkter Kunststoff und Menschen, die beinahe in Rückenlage in die Tiefe stürzten, inmitten der Finsternis, in der dunklen Nacht und den Wolken, und die nichts dagegen tun konnten, die nicht einmal begreifen konnten, was passiert war und warum. Können Sie sich das vorstellen? Wir waren gegen eine Wolke gekracht, wir waren voll in eine Wolke gerast, die ein paar Sekunden später, unversehrt und von einigen Tonnen Eis befreit, friedlich ihren Weg Richtung Osten fortsetzte und die am Morgen darauf, als man uns in einem Wald fand, ahnungslos über das Ionische Meer oder den Balkan zog.

Aufs neue herrschte Schweigen, ich überlegte mir, ob ich meine Scheu überwinden und die Hand des Copiloten nehmen sollte, was konnte mir schon passieren, es wäre eine Geste der Solidarität gewesen, und deshalb, dachte ich, würde mich dann irgend jemand, die Natur oder der Kosmos davon befreien, Furcht zu empfinden oder die Konsequenzen tragen zu müssen, aber der Chefpilot erkannte an meinem Blick, was ich vorhatte, und schüttelte ruhig den Kopf. Sind Sie jeden Tag hier? fragte er, das Thema wechselnd. Sie haben Glück, wissen Sie, das ist wirklich ein schönes Plätzchen, noch dazu um diese Zeit und zu dieser Jahreszeit, sagte er, wobei er den Schirm seiner Mütze zurechtrückte und sich mit grenzenloser, unstillbarer Sehnsucht umsah. Eine Sekunde später fügte er hinzu, Dürfte ich einen Blick auf die Flugzeuge im Hangar werfen? Tut mir leid, antwortete ich, tut mir wirklich leid, aber ich habe nicht die Schlüssel, ich habe nur die Schlüssel für den Tower, um die Landebahnbeleuchtung auszuschalten. Schade, sagte der Chefpilot und stand auf. Auch der junge Copilot stand auf, und ich mit ihm.

Wir gingen in Richtung Tower, wir gingen ohne Eile, ein jeder im Bann seiner Gefühle, alles, was geschehen konnte, war bereits geschehen, es war vorbei und schrecklich und nicht wiedergutzumachen, und diese Gewißheit und die romantische Stimmung, die hier herrschte, und das Mondlicht schienen jeden von uns mit der Landschaft eins werden zu lassen, ließen uns alles akzeptieren, was war und wie es war.

Auch der Ton des jungen Mannes war gelassener und

gleichgültiger geworden, er hatte die Hände in den Taschen und den Blick zu Boden gerichtet, er sagte, Wir flogen in eine Wolke hinein und kamen nicht wieder heraus, man begriff überhaupt nichts mehr, man begriff nur, daß du es gar nicht erwarten konntest, nach oben durchzustarten, die Wolken oben zu durchstoßen wie mit einem Jet, vollen Schub setzen und weg, während ich es nicht erwarten konnte, runterzugehen und Fahrt aufzunehmen, wie man es mit einem Propellerflugzeug macht. Wer hätte gedacht, daß wir an der Schwelle zum einundzwanzigsten Jahrhundert wieder mit Propeller fliegen würden? Dabei machten wir genau das, was im Handbuch steht, nicht mehr und nicht weniger, wir hielten uns wortwörtlich ans Flughandbuch, irgendwo mußte ein Fehler liegen oder eine Ungenauigkeit, sagte der junge Mann und sah mir in die Augen. Der Chefpilot antwortete an meiner Stelle, Es hat keinen Sinn, davon zu sprechen, sagte er im Tonfall einer rituellen Tröstung, bei diesem Eis hätten wir es ohnehin nicht geschafft, blankes Eis, ein unerbittliches Eis, glaub mir, niemand hätte es geschafft.

(Weißt du, sagte der junge Mann, ich habe mich immer gefragt, welche Gedanken einem kommen, wenn man die Stimmen der toten Piloten im *voice recorder* abhört, jenem der beiden versiegelten Geräte, das die Stimmen im Cockpit aufzeichnet. Ich kannte jemanden, der diesen Beruf ausübte, sagte der Chefpilot, es war ein alter, pensionierter Flugtechniker, er arbeitete in den Kommissionen, die Flugunfälle untersuchen, einmal fragte ich ihn, Ist es nicht unheimlich, diese Stimmen abzuhören, er antwortete, Nein, warum? Aber was suchst du, es ist doch bereits alles im *flight recorder*, der die Flugmanöver registriert? Ich suche den Ton der Stimmen, sagte er zu mir, der ist wichtig, weißt du, der Ton der Stimmen.)

Ein Passagierschiff fuhr über den Hafenkanal, langsam und still in der Nacht, es fuhr, mit bunten Glühbirnen prächtig geschmückt, auf das offene Meer hinaus. Am Fuß des Kontrollturms drehte ich mich um, ich fühlte mich schuldig, weil ich sie nicht in den Hangar mitnehmen konnte, und lud sie ein, mit mir in den Tower hinaufzugehen, aber der Chefpilot lehnte nach einem Augenblick des Zögerns ab, Ich danke Ihnen, lieber nicht.

Ich verstehe, antwortete ich, in einer Sekunde bin ich wieder da, und sah dem älteren Mann in Uniform in die Augen, und er entgegnete, Aber sicher, wobei er kaum merklich die Achseln zuckte. Gleich darauf stieg ich die Treppe empor, ich betrat den dunklen Saal, fand im Mondschein, der durch die großen Fenster drang und den kreisförmigen Saal samt Instrumenten überflutete, den Schalter, drückte ihn, und die beiden Reihen blauer Lichter im Gras verschwanden in der Nacht, eine Straße, die sich in der Dunkelheit verliert, dachte ich, auch die Piste geht schlafen, im nächsten Augenblick sprang ich die Stufen hinunter, und einen Augenblick später war ich draußen. Ich sah mich um, ohne zu wissen, in welcher Sekunde, aber die beiden waren nicht da. Ich lief durch das Gras, ich lief auf die Bäume zu, dann in Richtung Hangar, dann zur Terrasse, und schließlich sah ich sie: sie gingen die dunkle Piste entlang, weit weg, langsam und mit dem Rücken zu mir, einer führte Selbstgespräche und hielt dabei die Hand senkrecht nach unten oder drehte die Handfläche nach oben, der andere, der Ältere, schien ihm Gesellschaft zu leisten, blickte jedoch zur Seite, betrachtete den Mond und das Passagierschiff, das aufs offene Meer hinausfuhr. Ich beobachtete sie, bis sie im Morgengrauen, im Meer, am Himmel verschwanden.

Und alles andere?

Als Flieger kam ich von der Straße, ich hatte eine lange Karriere als Fußgänger hinter mir, ich war immer sehr viel gegangen und hatte meine Augen fast immer auf den Boden gerichtet. Ich war fasziniert von der Bewegung, vom Vorbeiziehen der Miniaturlandschaft. Schon als Kind hatte ich, wenn ich ging und dabei auf den Boden sah, den Eindruck gehabt, vom Flugzeug aus müßte man eine ähnliche Bewegung beobachten können: das Ganze verhielt sich proportional zueinander, selbst die Geschwindigkeit schien entsprechend, die Fugen zwischen den Pflastersteinen waren Straßen, die um Häuserblöcke herumführten, die Pfützen Vulkanseen, die Rinnsale Hochwasser führende Flüsse samt ihren Zuflüssen. Als Kind hatte ich mir vorgestellt, ich sei eine Straßenbahn, und ich blieb bei allen Haltestellen stehen, öffnete und schloß die Türen, indem ich die Luft zwischen den Zähnen hervorstieß. Aber wenn ich nicht für den städtischen Schienenverkehr tätig war, fühlte ich mich als Flugzeug: nicht als Pilot, wohlverstanden, als Flugzeug. Als Erwachsener würde ich ein größeres Flugzeug sein, eine Maschine mit vier Propellern, mit größerer Spannweite und stärkerem Triebwerk. Als Flugzeug entstand ich also aus einer Straßenbahn, wie ein Schmetterling aus der Raupe, und als Flugzeug überflog ich die Straßen in einer bestimmten Höhe, auf Augenhöhe eines Kindes, auch wenn es mir gefiel, bei langen Tiefflügen, bei denen ich mich mit Dreck besudelte, mit der Wange den Boden zu streifen. Als Flugzeug fühlte ich mich verantwortlich für alles, was ich transportierte, für Piloten, Passagiere, Post oder Hühner; und dieses Gefühl der Verantwortung gab mir, der ich dem Wesen nach ein Ding war, der ich der Familie der Dinge angehörte, das Gefühl, ein Ding auf der Höhe jener Lebewesen zu sein, die ich an Bord hatte. Die Kindheit ist gewissermaßen eine bestimmte Höhe, eine bestimmte Beziehung zur Erde, eine Frage der Dimensionen, die man so nie wieder erleben wird, eine Perspektive, die sich erschöpft hat und an die man sich, sobald man sie verloren hat, nicht einmal mehr erinnert. Nie wieder, außer vielleicht in den letzten Augenblicken eines gewaltsamen Todes oder der geistigen Verwirrung, werde ich mit Staubwolken, Papierschnitzeln und Insekten so vertraut sein, mit Beeren und Wurzeln und dem Erdreich, von woher ich komme. Vielleicht habe ich mich nur deshalb in ein Flugzeug verwandelt, weil ich erwachsen sein wollte, denn nur die Illusion der Kontinuität gestattet uns zu glauben, daß das Kind und der daraus hervorgehende Erwachsene ein und derselbe sind, zwei Stadien desselben Ganzen, doch die Kindheit geht nicht einfach in etwas anderes über, man verliert sie wie die Milchzähne, und sie wird von neuem Mark ersetzt, einem Gemisch aus Zahnbein und Schmelz, das dem alten zwar ähnlich, aber nicht dasselbe ist; das Kind und der Erwachsene sind zwei verschiedene Gattungen der Natur, zwei verschiedene Spezies, die unterschiedlichen Ordnungen angehören (schon allein wegen jener Unentschlossenheit, was das Überleben angeht, aufgrund deren das Kind jedes erdenkliche Risiko eingehen kann, im Gegensatz zur starrsinnigen Entschlossenheit des Erwachsenen, der um jeden Preis überleben will und sich somit jeder Lächerlichkeit preisgibt). So verblich die Straßenbahn, die in mir war, und ich wurde ein Aufklärer- oder Transporterkind, das sich auf dem Fahrrad in Schräglagen, in Sink- und Sturzflügen geübt hatte; ein Jägerkind, dessen Freundschaft mit den anderen auf der Kenntnis sämtlicher Flugzeugtypen und ihrer Funktionen beruhte, und die Bilder dazu stammten aus einem Büchlein, in dem die Umrisse von Flugzeugen abgebildet waren, so daß man sie vom Boden aus erkennen konnte, möglicherweise einem Überbleibsel aus dem Krieg, das ich irgendwo gefunden hatte und das sich nicht sehr von solchen Büchlein unterschied, die man früher in der Ornithologie verwendete, um Vögel im Flug zu erkennen. Der darauffolgende Augenblick, in dem ich mich vom Flugzeug in einen Piloten verwandeln mußte, fiel in eine schmerzliche Phase meines Lebens, auch deshalb, weil sich gleichzeitig mit dieser Metamorphose der Übergang vom Dasein als Zeuge zum Tun vollzog. Daß das Dasein eines Zeugen Würde besaß, hatte ich im Sommer im Freilichtkino gelernt. Tatsächlich war mir ziemlich bald klargeworden, daß die Helden starben und mit ihnen der Ruhm, aber ihre Freunde in den Nebenrollen sorgten dafür, daß sie nicht vergessen wurden, und überlieferten das Geschehen, wovon auch sie etwas hatten. Ich begann immer größere Sympathie für diese stets präsenten Nebenfiguren zu hegen, die Zeugen des tragischen Geschehens waren und von Anfang an wußten, daß es schlecht ausgehen würde, wodurch der Film überhaupt erst ermöglicht wurde; die, indem sie sich seitlich, im Abseits, hielten, dem Ganzen Beständigkeit verliehen. In einem jener Sommer beschloß ich, daß ich als Erwachsener Zeuge sein würde, auch wenn ich nicht sagen konnte, in welchem Bereich des Lebens. Aber dort, in demselben

Kino, verfestigte sich auch meine Berufung zum Flugzeug, und das waren die beiden Wege, die mir offenstanden, Flugzeug und Zeuge.

Pilot zu werden bedeutete also, das Doppelwesen aufzugeben, das ich war, mein Wesen als flugzeugartiges Ding und mein Wesen als Zeuge; irgend etwas aus meinem Stadium als metallenes Ding muß jedoch überlebt haben, denn selbst heute noch würde ich lieber eine Notlandung versuchen, anstatt abzuspringen, und ich könnte auch nie das Flugzeug seinem Schicksal überlassen. Im übrigen bleibt eine Manie eine Manie, mit der Zeit kann man sehen, wie sie sich auswirkt, man kann ihre Kontinuität feststellen, erkennen, wie sie im verborgenen gewirkt hat, wann sie aufgetaucht ist und wie sie unsichtbar war, wie sie sich neu geformt und gerechtfertigt und in etwas anderes verwandelt hat, wie sie zum Schweigen gebracht wurde, um sich auf andere Weise zu äußern; zu meiner Rechtfertigung, sofern ich mich überhaupt rechtfertigen muß, kann ich nur vorbringen, daß *mente* (Geist) und *mania* (Manie) dieselbe sprachliche Wurzel besitzen.

Die beste Art zu fliegen ist zweifellos die, im Geiste zu fliegen, man braucht dafür weder ausgeklügelte Transportmittel noch Flugscheine oder Lizenzen, sondern nur die Fähigkeit, sein eigener Pilot zu sein, der Pilot der eigenen Phantasie. Jahrtausendelang ist man so geflogen, am Himmel der Antike gibt es jede Menge Flugverkehr, ein Sammelsurium geflügelter Wesen zieht über ihn hinweg, Flugobjekte, die ich heute, wenn ich sie hinter der Kanzelverglasung entdeckte, als *Unidentified Flying Objects* registrieren müßte: mit Kurbeln angetriebene Adler, mechanische Tauben oder der Luftthron des Königs Kavus, der an Bord eines viermotorigen Stuhls, der von vier Adlern gezogen wurde, die vier unerreichbaren Hammelkeulen folgten, bis an die Grenzen Chinas flog. Das gefiel mir, die Beschreibung der Motorisierung bis ins letzte Detail, als ob die Phantasie selbst nicht überzeugend genug wäre und statt dessen glaubwürdige Mechanismen brauchte, auf die sie sich verlassen konnte; aber auch auf diese Weise, stellte ich mir vor, hatte die Vorahnung von Maschinen oder der Wunsch nach ihnen in den Träumen geschlummert. Pilot war im Lauf der Jahrhunderte der Rhapsode gewesen und später der Schreiber, wenn er von den Flügen Salomons oder Mohammeds oder der Propheten vor ihnen erzählte, die dieselbe geflügelte Stute ritten; Pilot war jeder gewesen, der die Geschichte Maleks erzählte, der eine fliegende Kiste steuerte und nur an einer bestimmten Schraube drehen mußte, damit sie sank, und an einer anderen, damit sie stieg, und wiederum an anderen, damit sie eine Kurve nach rechts oder links machte; und am besten konnten es die Schamanen, die Sufis und alle, die ohne jegliches Hilfsmittel flogen, die statt dessen die Seele davonfliegen und herumschweifen ließen. Hunderte unbekannter Piloten waren geflogen, so gut sie es vermochten, und hatten allem, was sich offenkundig im All bewegte, Flügel angedichtet, der Sonne, dem Mond, den Himmelskörpern, später den Göttern, dann den Menschen und den Tieren, selbst den Greifvögeln und den Drachen, den Zwitterwesen der Natur; schließlich kam die Zeit der Dinge, und nun flog man mit allem, was es gab: Teppichen, Sofas, Hüten, Stiefeln, Mänteln, Ringen, Betten und jeglicher Art von Hausrat. Ehre und Ruhm der großen Zahl jener Piloten, die im Geist und der Phantasie geflogen waren, fast keiner von ihnen nahm Schaden, die einzige mögliche Panne war ein Mangel an Phantasie. Was mich betrifft, so konnte ich mich bei meiner Verwandlung vom Flugzeug zum Piloten nicht mehr für die Taube des Archita von Tarent begeistern, auch nicht mehr für Bellerophon, der den Pegasus ritt, oder für das Schiff des Lukian von Samosata, das vom Wind emporgehoben, aus dem Meer gerissen und zum Mond geschleudert wurde; ich liebte Ovid, aber der Vorstellung des fliegenden Perseus mit dem bluttriefenden Medusenhaupt in der Hand konnte ich flugtechnisch nichts abgewinnen, genausowenig wie Dädalus und Ikarus mit seinen Federn, die sich von ihm ablösen, weil das Wachs schmilzt, worauf er die Flugmaschine verliert und ins Meer stürzt, und sein Vater, der tief übers Meer fliegt, sieht nur einzelne Federn fallen; Leopardi hatte einen unwiderlegbaren Einwand erhoben, wie soll das Wachs schmelzen, wenn die Temperatur mit der Höhe immer mehr abnimmt? Das war typisch für Leopardi, der Glaube an den Mythos und gleichzeitig an den vertikalen Temperaturgradienten. Die schönste Geschichte bleibt für mich aber die von Simon Magus, der sich, um das römische Volk zu beeindrucken und sich bei Nero einzuschmeicheln, bereit erklärt, öffentlich den Flug des Ikarus zu wiederholen, und sich mit seiner Flugmaschine vor den heiligen Petrus stellt und zu ihm sagt: »Schau mich an, Petrus, ich gehe hin zum Herrn im Himmel, und das Volk schaut mir dabei zu«, und Petrus zieht sich augenblicklich zurück, kniet nieder auf die Steine der Via Sacra, hebt den Blick gen Himmel, an dem Simon Magus gleich sein Wunder vollbringen will, und ruft Christus an, O Herr, erweise uns Deine Gnade und zeige allen

Deine Macht, ich verlange ja nicht, daß er stirbt, aber irgend etwas in seinem Inneren möge durcheinandergeraten, er möge zu Boden fallen, und sein Schienbein soll in drei Teile brechen. Das gefiel mir, die Genauigkeit seines Stoßgebets, die Tatsache, daß der Apostel Petrus ein wenig Schwarze Magie gegen Simon Magus anwandte, einen Zauberspruch gegen einen Teufelsanbeter und Simonisten, aber der wahre Zauberer blieb Petrus, ein Zauberer, dem Simon Magus schließlich zum Opfer fiel, denn mitten in der Luft kam der Strömungsabriß, er stürzte ab und starb Tage darauf an den Folgen des Beinbruchs.

Als Flugzeug gehörte ich dem Jahrhundert an, in dem alles die Form von Dingen annahm, dem realistischsten Jahrhundert, das es je gegeben hat, einem Jahrhundert, in dem sich die Phantasien zu Dingen verfestigten (und später würde es sich selbst übertreffen und zu dem Jahrhundert werden, in dem die Dinge verschwanden und durch ihr Bild ersetzt wurden). Früher oder später gelang es, jeden unerledigten Mythos der Geschichte, jeden Traum oder jede einfache Erzählung durch ein Ding zu ersetzen, das jenen perfekt entsprach, durch ein konkretes Ding, das imstande war, sie tatsächlich Wirklichkeit werden zu lassen, wenn auch auf viel anstrengendere, kompliziertere und unbeholfenere Weise. *Was geschieht denn? Hier oben ist 20 Meter über der Erde ein Mensch in einem Holzgestell verfangen und wehrt sich gegen eine freiwillig übernommene unsichtbare Gefahr.* Ich las diesen erstaunlichen Satz, da war also einer, der im Geiste flog, der den ersten Schnappschuß eines Flugzeugs am Himmel machte, eines Ereignisses, das man sich jahrtausendelang vorgestellt hatte, dessen kleinste Details, sogar das Holz der Kiste oder des Käfigs, vorausgesehen wurden und das sich, sobald es möglich wurde, als etwas Mechanisches, Unerklärliches und Lächerliches entpuppte: der »eingesperrte Pilot« war Blériot, der »Fotograf« Franz Kafka. Es war das erste Mal, daß Franz Kafka jemanden wirklich fliegen sah, und auch d'Annunzio sah er zum erstenmal, und d'Annunzio wurde an diesem Nachmittag 1909 zum erstenmal zum Fliegen mitgenommen, und zwar von Blériot. Ein Nachmittag voller erster Male. Aber auch ein Nachmittag voller versäumter Begegnungen. Kafka erlebte und beschrieb d'Annunzio als einen kleinen, hinkenden Mann, d'Annunzio hingegen nahm Kafka in keiner Weise zur Kenntnis, und im übrigen hatte er auch keinen Grund, ihn zur Kenntnis zu nehmen, denn Kafka war damals ein junger Mann aus Prag, der noch nichts veröffentlicht hatte und den niemand kannte.

Die Menschen strömten in Scharen zu den ersten Flugschauen, obwohl es doch seit über einem Jahrhundert möglich war, zu fliegen, seit der Epoche der Heißluftballons, aber der Heißluftballon scheint nie die Idee des Fliegens verkörpert zu haben, vielleicht, weil er so unbeweglich war, ein Heißluftballon im Gleichgewicht am Himmel befindet sich in einem Zustand totaler Trägheit, er verfügt über keinerlei Eigenbewegung, nicht er bewegt sich, sondern die Luft, deren Teil er ist. Rund um den Ballonfahrer ist alles statisch, sein Mantel bauscht sich nicht im Wind, er spürt nicht die geringste Luftbewegung, nicht einmal dann, wenn ihn die Strömung, in die er eintaucht, mit großer Geschwindigkeit fortträgt. Setzte er Seifenblasen auf ein Tischchen vor sich hin, würden sie im Zustand absoluter Ruhe verharren, und auch die Flamme einer Kerze würde nicht flackern. Als Wesen aus einem Zwischenreich verharrt der Heißluftballon in einem Augenblick, in dem das Fliegen zwar kein Mythos mehr ist, es den Flug als technische Erfahrung aber noch nicht gibt; der eigenartige Anker, der aus der Gondel hing, schien darauf hinzuweisen, daß er auch in anderer Hinsicht ein amphibisches Dasein führte, daß er ein Zwitterwesen war, als hätte er noch Verbindung zum Meer, zum flüssigen Element, denn er machte sich wie das Schiff die Strömungen zunutze; aber anders als das Schiff konnte er aus dem Dualismus, dem Gegensatz von Wasser und Luft, der die Beweglichkeit von Schiff und Segel gewährleistete, nie einen Nutzen ziehen. Der Ballon war ein reines Luftwesen, ein Luft-Luftwesen, dem Integralismus eines einzigen Elements ausgeliefert. Er gehörte eher zur Familie der Wolken, als daß er mit der Entschlossenheit des Fliegens etwas gemein hatte.

Daß es Flugobjekte ohne Flügel gab, war mir unerträglich, ich hatte das Fliegen immer mit der Form des Flügels in Zusammenhang gebracht, möglicherweise, weil das Vorbild in der Natur das geflügelte Wesen, das fliegende Tier ist. Da ich in meiner Kindheit ein Flugzeug gewesen war, wußte ich sehr gut, daß die Maschinen insgeheim in Beziehung zur Tierwelt standen, einer widersprüchlichen Beziehung voller Selbstbehauptung und Macht, aber auch Nachahmung und Trauer, denn von jener Welt haben wir uns zwar mit Hilfe der Technik ein für allemal befreit, aber auch endgültig getrennt. Zum Beweis blieben die Namen der Vorbilder für Flugzeuge und viele andere Fluggeräte, die oft aus der Tierwelt stammten oder an diese Welt erinnerten; als Pilot sollte ich oft Gelegenheit haben, mit »Falken« und »Weihen«

und »Schwänen« zu fliegen, und ich vergaß auch nie, daß Cockpit auf englisch »Hahnenkampfplatz« bedeutet.

Als Flugzeug wußte ich nicht, warum sich ein Flugzeug am Himmel hält, und eigentlich stellte ich mir die Frage auch nicht; später als Pilot mußte ich feststellen, daß mir zwar niemand sagen konnte, warum ein Flugzeug fliegt, und es einfacher ist, zu erklären, warum es abstürzt, daß es aber dennoch gute Gesetze zur Beschreibung des Phänomens und äußerst genaue Konstruktionsregeln gab, mit denen ich langsam vertraut wurde, ebenso wie mit der Geschwindigkeit, die auf der Profiloberseite Unterdruck und auf ihrer Unterseite Überdruck erzeugt, wodurch die Luftströmung geteilt wird; die Luftteilchen trennen sich beim Aufprall auf die Tragfläche, umschließen sie (wie Bremsbacken) und sorgen dadurch für Auftrieb, der jedoch merkwürdigerweise zu zwei Dritteln vom Unterdruck auf der Oberseite und nur zu einem Drittel vom Druck auf die Unterseite erzeugt wird, so daß das Flugzeug zu zwei Dritteln in den Himmel gesaugt und zu einem Drittel nach oben gedrückt wird – ein außergewöhnliches Phänomen, bei dem der Unterdruck, die Depression, über alles andere siegt und uns emporhebt. Das ist das, was man mit Sicherheit über das Fliegen sagen kann.

Ziemlich bald zeichnete sich eine Grenze zwischen dem Fliegen und *allem anderen* ab. Ich tat, was ich konnte, um *alles andere* nicht aus den Augen zu verlieren, aber mein Dasein als Ding und Zeuge wurde ganz von dem des Piloten eingenommen, das von meinem Körper Besitz ergriffen hatte wie eine Schwangerschaft; ich wartete auf den Augenblick, in dem es einfach nur mehr ein Aspekt meines Lebens sein würde, aber der

Moment ließ auf sich warten, nicht zuletzt deshalb, weil ich Tag und Nacht auf dem Flugplatz verbrachte, einem alten Flugplatz im Stil faschistischer Architektur, und wenn ich nicht flog, trieb ich mich bei den Leuten vom Tower oder bei den Mechanikern herum, ich sah ihnen bei Wartungsarbeiten zu und hörte Funksprüche mit, und wenn ein Ersatzteil abgeholt, ein Propeller geliefert oder ein Funkgerät zum Reparieren gebracht werden mußte, stieg ich ins Flugzeug und flog nach Bozen oder Forlí. Das kam mir durchaus zugute, denn eines war klar, ich konnte aus allem lernen, das Fliegen war eine rein intellektuelle und kulturelle Angelegenheit, je mehr du wußtest, desto besser waren deine Chancen, es zu etwas zu bringen, je mehr du wußtest, desto besser flogst du, und wer weiß, wo am Himmel, in welcher Wolke oder bei welcher Panne es dir nützen würde, wenn du über die Rippen einer Tragfläche Bescheid wußtest oder wo der Motor am Rumpf aufgehängt war, wo die Schläuche verliefen, die die Anzeigegeräte mit Luft versorgten und der Luft, die dich ansaugte und stützte, Bedeutung verliehen und zu einem Mittel der Orientierung machten. Aber ich muß ehrlicher sein: Eben weil ich ein Ding gewesen war, wußte ich auf ganz natürliche Weise, wie die Dinge beschaffen waren, ich kannte instinktiv die Namen der Teile und wußte, wie sie zu den anderen, zu *allem anderen* paßten, und ich konnte nicht sagen, woher ich dieses Wissen und dieses Talent hatte, für das ich mich immer geschämt habe und mit dem ich verschwenderisch und schuldbewußt umgehe. Gewiß war der Instinkt von grundlegender Bedeutung, wie Bruno meinte, aber um ihn zu pflegen, gab es nur eines: fliegen und nochmals fliegen, wenn schon nicht am Himmel, dann wenigstens in der Werkstatt, *hangar flight*, der »Flug« und der Klatsch im Flugzeugschuppen, und die Tatsache, daß man mit allem zu tun hatte, was mit dem Fliegen zusammenhing. Das Fliegen, auch das wurde einem bald bewußt, ist das Unnatürlichste, was es gibt, und die Angst davor ein gesundes und adäquates Gefühl. Die Unnatürlichkeit des Fliegens hatte sich genau in dem Augenblick offenbart, in dem man aufhörte, nur im Geiste zu fliegen, und es zur körperlichen Erfahrung wurde; obwohl, um die Wahrheit zu sagen, auch der Flug der Schamanen oder der Mystiker gewiß ein körperliches Gefühl hervorrief, dessen Beschaffenheit jedoch nicht leicht zu ergründen war, zumindest nicht für mich, der ich aufgrund meiner Unzulänglichkeit gezwungen war, einen metallischen Fortsatz zu benutzen und das zu führen, was ich früher einmal selbst gewesen war, ich mußte mich in Begriffen des Führens ausdrücken und fand durchaus Gefallen daran, daß sich das Wort Führung sowohl auf das Führen eines Flugzeugs als auch auf moralisches Verhalten bezog. Um das Fliegen zu etwas »Natürlichem« zu machen, hatte man es soweit wie möglich formalisieren müssen, hatte man eine komplexe, aus Regeln und Ausnahmen bestehende Grammatik erstellen müssen, einen Corpus an Prozeduren und Maßnahmen, der im Lauf der Jahrzehnte durch Fehler und Katastrophen korrigiert und abgeändert wurde, denn in diesem Metier bezahlt man die Fehler *cash* und so teuer wie nur irgend möglich. Jeder technische Jargon setzt sich bei seiner Entstehung von der Umgangssprache und dem Allgemeinwissen ab und begründet einen Schatz eigenständiger neuer Begriffe, geistiger Bilder und räumlicher Darstellungen und erweitert auf diese Weise die Grenzen unseres Wissens und unserer Sprache, und manchmal verändert sich dadurch auch ein wenig unsere Art zu leben und zu sterben. Allmählich jedoch geht sogar die spezialisierteste Sprache in den allgemeinen Wortschatz und den normalen Sachverstand über, möglicherweise gerade dann, wenn sie ihre größte Reife erreicht hat, am weitesten verbreitet ist und am Beginn ihrer Auflösung steht. Es ist, als ob sie etwas freisetzen würde, was in ihrem Inneren aufbewahrt war, was sich hinter ihrem Pragmatismus versteckt hielt, Vorstellungen bezüglich des Verhaltens und der Orientierung, Wege des Geistes, der Wahrnehmung und der Gefühle; es ist wie eine langsame Rückkehr zur Muttersprache. Seit dem Augenblick, in dem ich aufhörte, ein Flugzeug zu sein, bezeichnete ich das als »Bewußtsein des Piloten«.

Als Kind besaß ich einen *Guide des voyages aériens Paris–Londres*, keine Ahnung, woher ich ihn hatte, gewiß nicht von meinen Eltern, die sich niemals Flugreisen hätten leisten können, schon gar nicht in ihrer Kindheit, da das Büchlein aus den dreißiger Jahren stammte; es war ein einfacher Führer, vielleicht der »guide officiel«, wie es auf dem Cover hieß, der für die Passagiere der ersten Fluglinie über den Ärmelkanal käuflich zu erwerben war. Jahrelang hatte ich ihn nur durchblättern können, ich hatte Stunden über den Fotos von Städten und Feldern und Landschaften zugebracht, ohne zu begreifen, daß diese Luftansichten, die mit Bildunterschriften wie »Un virage sur Paris«, »La plage du Crotoy« oder »La comté de Kent« versehen waren, nicht einfach Illustrationen zu einem mir unbegreiflichen Text waren, sondern ganz im Gegenteil das eigentliche Thema des Führers, der Führer lehrte zu sehen und sehend der

Landschaft entlang der Route zu folgen, von der Platzrunde über Paris nach dem Start in Ecouen, über den See von Enghien, den Strand von Crotoy, den Hafen von Boulogne, den Ärmelkanal und dann über Ashford und Maidstone bis zum Zielflughafen London-Croydon. Zur Zeit meiner Kindheit als Flugzeug waren Bilder nicht so häufig, und ein Bilderbuch hielt lange, für mich hielt der *Guide*, von kurzen Unterbrechungen abgesehen, bis über die Pubertät hinaus, als ich in der Lage war, den Text zu verstehen, der folgendermaßen begann: »Der Passagier, der sich zum erstenmal mit einem Flugzeug in die Lüfte erhebt, kommt aus dem Staunen nicht heraus. Seine Weltsicht wird auf den Kopf gestellt. Tatsächlich tritt an die Stelle der horizontalen Perspektive, an die er seit jeher gewohnt ist, bald die Vogelperspektive. So ist der Fluggast manchmal völlig verloren in der Luft. Sein Auge muß sich grundlegend umstellen. Aber das ist bald geschehen. Sobald man die Dörfer benennen kann, sobald man über Städte fliegt und Plätze und Gebäude erkennt, belebt sich das monotone Mosaik der Flächen. Die Vogelperspektive ist etwas ganz Neues, denn sie reduziert alles, was man sieht, Berge, Denkmäler und sogar den Eiffelturm, auf ihre Oberfläche. Aber diese Perspektive ist selten und flüchtig. Viel häufiger ist es die schräge Perspektive, von der Sie überrascht sein werden. Dann erscheinen Häuser, Denkmäler und Erhebungen als Kuben. Sie werden sich jedoch bald an die schräge Perspektive gewöhnt haben, die, um die Wahrheit zu sagen, ergiebiger ist als die Vogelperspektive.« Als Pilot hatte ich Gelegenheit auszuprobieren, wie sehr diese Zeilen, die ich jahrelang schweigend nachgebetet hatte wie einen Psalm, der Wahrheit entsprachen, die Perspektive dessen, der fliegt, ist keine Perspektive von oben, die Vogelperspektive ist *rare et fugitive*, beziehungsweise gibt es für den Piloten gar keine Vogelschau, denn um gerade nach unten zu sehen, hätte ich eine Falltür oder ein Bullauge direkt unter meinen Füßen haben müssen, wie ein Bordschütze, der im Inneren der Bomber aus der Vogelperspektive agierte. Übrigens bestand die einzige Möglichkeit, auf der Vertikalen irgendeines Bezugspunkts am Boden zu fliegen, darin, ihn zu umkreisen, wobei man diesen Punkt zum Zentrum einer konstanten Drehung machte und ihn immer im Auge behielt wie den Fluchtpunkt einer perspektivischen Darstellung. Die wahre Perspektive des Piloten war eine *vision oblique*, keine Perspektive von oben, worauf der *Guide* von Anfang an hinwies: »La vision à la verticale est rare et fugitive. La plus souvent, c'est la vision oblique qui vous surprend. Alors les maisons, les monuments, les reliefs se présentent sous l'aspect cubique.« Ich hätte nicht sagen können, wie sehr sich dieses *cubique* der Malerei des Jahrhunderts verdankte oder wie sehr es diese beeinflußt hatte, ich freute mich jedoch über seine metaphorische Bedeutung und über das, was sich daraus ganz allgemein ergab, es wäre sehr traurig, wenn man für das Fliegen mit der »Vogelperspektive« bestraft werden würde, einer Art zu schauen, die den Göttern vorbehalten bleibt und deren wir uns nicht nur unwürdig fühlen, sondern die uns beschämen und bedrücken würde.

Das war jedoch ein Problem, dessen ich mir erst als Pilot bewußt wurde, davor, in meiner Kindheit als Flugzeug, war es mir völlig egal gewesen; die Perspektive des Piloten ergab sich somit im Bezug zur Erde und zur räumlichen Tiefe, für die Verbindung sorgte vor allem ein Sehstrahl, das Strahlenbündel der Perspektive, und das Auge war nur einer der Eckpunkte davon und wurde von allen anderen bestimmt. Ich lernte, anhand dieser Perspektive meine Position festzulegen und die Fluglage zu korrigieren. Und wie sehr diese optische Verbindung wirklich war und notwendig, um ein Flugzeug zu führen, das erfuhr ich jeden Tag im Landeanflug: je nach Blickwinkel veränderten die Pistenfeuer ihre Farbe, waren sie weiß, flog man über dem Gleitpfad, waren sie alle rot, flog man darunter, und flog man im richtigen Bereich, waren die am weitesten entfernten rot und jene, die am nächsten lagen, weiß. Es war ein richtiggehender Lichtpfad, den das Auge von weitem wahrnahm, und wenn es mir gelang, entlang dieser von der farblichen Veränderung vorgegebenen Fläche zu sinken, so daß die Balken in der Ferne rot blieben und die nahen allmählich weiß wurden, dann würde ich die Piste am richtigen Aufsetzpunkt berühren. Vorausgesetzt, alles ging gut.

Seitdem ich aufgehört hatte, bei Bruchlandungen meine Wange in die Pfützen zu legen, war es nie mehr nötig gewesen, ein solches Verhältnis zum Erdboden zu besitzen. Dennoch begann ich mich zu fragen, was ich verloren und was ich gewonnen hatte, als ich mich vom Flugzeug in einen Piloten verwandelte; gewiß hatte ich an Natürlichkeit und Glück verloren, in der Zeit, als mein Wesen das eines Dinges aus Metall gewesen war, hatte ich die Augen geschlossen und war mit dem Geräusch einer Blechdose über Hänge gerollt, ohne an irgend etwas anderes zu denken, danach, als Pilot, mußte ich viel aufmerksamer sein, um am Himmel eine halbe Rolle drehen zu können, mußte ich Höhe und Geschwindigkeit berechnen, und bei der Drehung mit dem

Kopf nach unten durfte ich die Instrumente nicht aus den Augen lassen, und diese Drehung, die aus der Ferne vielleicht eine gewisse Anmut besaß, mußte ausgedacht und vorbereitet und überprüft und anschließend am Boden noch einmal besprochen werden, damit ich verstand, warum sie mir nicht gelang. Ich gewann jedoch in Hinsicht auf *alles andere*, oder zumindest hoffte ich das. Aber vielleicht war ich zu spät gekommen, meine Verwandlung geschah zu einer Zeit, die sich leicht dadurch definieren ließe, daß sich in ihr der »Tod des Piloten« ereignete: die Flugzeuge, selbst die, die ich flog, waren inzwischen voller Elektronik, für alle war klar, daß man den Schwachpunkt, die eventuelle Fehlerquelle des enormen Boden-Himmel-Boden-Systems, eben beim Piloten suchen mußte, bei dem, der ich werden wollte. Damals dachte ich, ich könnte mir die Komplexität des »Bewußtseins des Piloten« aneignen und meine Beziehung zur Vielfalt *alles anderen* mit seinem Gewirr quälender Zusammenhänge, Gleichzeitigkeiten und Gegensätze würde dadurch reifer.

Beim Fliegen gab es Dinge, von denen ich mich instinktiv angezogen fühlte, alles war darin enthalten, Meteorologie und Navigation, Mechanik und das Flugzeug selbst, das ich gut kannte, da ich ein Teil von ihm gewesen war; ich liebte die Geographie wie eine Art Landschaftskunst, aus dieser Perspektive, egal ob sie einem nun ein schräges oder ein kubisches Bild lieferte, wurde der Raum zu seiner eigenen Darstellung, man sah die Verbindung zwischen der Ebene und den Bergen, zwischen Flüssen und dem aufgefächerten Mündungsdelta, zwischen Städten und ihren zerbröckelnden Peripherien, selbst die Geschichte der menschlichen Besiedelung offenbarte sich unmittelbar unter dem Aspekt von Notwendigkeit und Zerfall, beim Fliegen vereinigten sich Geographie und Geschichte zur gleichzeitigen Darstellung des perfekten Chaos, dem wir angehören.

Aber da gab es noch etwas, auch wenn ich es erst viel später begriff, beim Fliegen, das ja so unnatürlich und künstlich ist, war es möglich, an die äußerste Grenze zu gehen, einen Grenzbereich zu erkunden, an dem man instinktiv oder aufgrund festgelegter Prozeduren eine unendliche Vielfalt an Variablen durchspielen konnte, ohne dabei aus dem Gleichgewicht zu geraten, das Fliegen war eine Dimension, in der eine Hauptrolle die Wahrscheinlichkeit übernahm, die gerade so eng bemessen war wie der Spielraum der Flächenneigung im Kurvenflug, innerhalb dessen ein Flugzeug noch ein Flugzeug bleibt. Innerhalb dieser Spanne ließ sich operieren, so wie man einen Flecken Erde in der Wüste beackert und bepflanzt, damit beschäftigte sich das »Bewußtsein des Piloten«, das war sein Thema, sein immer gleich bleibendes Thema, denn dies war auch das Thema von *allem anderen*. Bloß daß sich das Wesen *alles anderen* veränderte, es genügte nicht mehr, die Weisheit des Gleichgewichts zwischen Extremen zu finden, beim aktiven Teil der Kontrolle, der *Führung*, hatte man es nicht länger oder nicht mehr ausschließlich mit unendlich vielen unvorhersehbaren und komplexen Variablen zu tun, sondern mit dem Aufbrechen von Rissen, die sich öffneten wie Wunden oder grinsende Mäuler. Das »Bewußtsein des Piloten« besaß aufgrund der Dimensionen, die im Spiel sind, des natürlichen Elements, mit dem er es zu tun hatte, der allgegenwärtigen und ungreifbaren Luft, die eisernen Gesetzen gehorchte, eine eigene Flexibilität und Weichheit, eine eigene Komplexität; es brauchte Verhältnisse, die vorhersehbar waren, und gleichzeitig war es, um navigieren zu können, gezwungen, sich ganz den Umständen hinzugeben, aber in all diesen Bereichen, ob es nun um Wolken, um die Flugstrecke oder um das Anzeichen einer Störung ging, trotz dieser Verflüssigung und dieser Vielfältigkeit, gab es bei jeder Frage einen Punkt, an dem dieses Bewußtsein gezwungen war, zu gerinnen, sich augenblicklich zu einer Entscheidung und zu einer Geste zu verfestigen, die alle anderen ausschloß. In der Welt *alles anderen* war dieser Augenblick obsolet geworden, und ich hatte mich auf dieser Welt gerade zu jener Zeit vom Flugzeug zum Piloten verwandelt, in der der Tod des Piloten besiegelt war, in der es nicht einmal mehr den Besten gelungen wäre, die Risse offenzuhalten und gleichzeitig den Schmerz zu besänftigen.

Pauci sed semper immites

Bei Sonnenuntergang setzte ich mich an einen Tisch des Cafés, das sich auf der alten Terrasse befand, eigentlich war es gar keine Terrasse, sondern eine mit rissigen Fliesen bedeckte, nur wenig erhöhte Fläche mit einem Geländer rundherum, von der aus man über die ganze offene Piste sehen konnte, auf der das Gras leuchtete und die sich eigenartig vom Meer abhob, wie es nur zu dieser Stunde und zu dieser Jahreszeit möglich war. Ich unterhielt mich mit der Dame aus der Bar, sie klagte über ihren Sohn, der seine Zeit bei den Mechanikern im Hangar verbrachte, anstatt ihr zu helfen, ich sang ein Loblied auf die Mechaniker und pries den unschätzbaren pädagogischen Wert des Umgangs mit ihnen; sie rollte die verblichene Markise ein, ohne mir Gehör zu schenken, schloß die Glastüren von innen zu und ging, und mit ihr die wenigen anderen, die nach Sonnenuntergang noch geblieben waren, nachdem der Flugplatz geschlossen worden war. Ich blieb für gewöhnlich sitzen, mit einem Bier und einem Handbuch nach einem langen Tag in der Luft; in dem wenigen noch vorhandenen Licht und der Ruhe, die die Erinnerung ans Fliegen bewahrte, quälte ich mich mit meinen Fehlern herum, die ich begangen hatte, und mit dem, was mir nicht gelingen wollte. An jenem Abend war es der Anflug in Signalhöhe, ein Landeverfahren bei Motorschaden, das mit ausgeschaltetem Motor durchgeführt werden muß, bestehend aus zwei Vollkreisen, wobei man bei der ersten Drehung genausoviel an Höhe verlieren muß wie bei der zweiten; das Flugzeug soll dabei ohne Motor eine Geschwindigkeit beibehalten, bei der es soviel Fahrt wie möglich macht; währenddessen teilt man im Geiste die Piste in drei Segmente und muß rechtzeitig entscheiden, wo genau man mit den Rädern aufsetzen will, und setzt genau dort auch auf. Ich würde es nie schaffen.

Kommt es Ihnen schwierig vor? fragte der ältere Herr und nahm an meinem Tisch Platz, Sie hätten uns mal sehen sollen, es hat sich nichts verändert, die Figuren sind noch immer dieselben, Ihren Anflug in Signalhöhe flog bereits Lindbergh bei seiner Militärausbildung in Brook Fields, San Antonio, das war neunzehnhundertdreiundzwanzig oder vierundzwanzig, die Figuren sind wie Tanzschritte, *looping*, *tonneau* – eins, zwei drei, *pas de deux*, *pas glissé*, *pas floré* –, immer dieselben, apropos, können Sie tanzen? Schauen Sie, es ist wichtig, daß man tanzen kann, mir gelang die Kubanische Acht sehr gut, nicht einmal schwierig zu fliegen, ein schöner großer Tanzschritt am Himmel. Oder die Rolle, ich flog sie mit einem Flugzeug, das nicht fürs Kunstfliegen geschaffen war, mit einer *Settantanove*, der berühmtesten dreimotorigen italienischen Kriegsmaschine, einem Büffel mit zehntausend Kilo.

Bevor die Bar geschlossen wurde, war mir der ältere Herr nicht aufgefallen, jetzt waren wir zwei die einzigen auf dem kleinen Flughafen, die Sonne sank langsam hinter die Baumreihe, er ließ seine Finger auf der Krawattennadel ruhen, die ihm zusammen mit dem Einstecktuch seines Baumwollsakkos ein vornehmes und ironisches Aussehen verlieh, dann fuhr er fort: Wissen Sie, wie ich es gemacht habe? Ich begann mit einem schnellen Tiefflug, einem Sturzflug bei vierhundert Stundenkilometern, dann zog ich den Steuerknüppel, zuerst mit Nachdruck, dann ließ ich ihn langsam los, zog das Flugzeug auf einer Parabel in den Himmel, bis zum Zenit, bis zu jenem Punkt, wo es aufhörte zu steigen, jetzt mußte man manövrieren, wenn man einen perfekten Kreisbogen erzeugen wollte, nicht früher und nicht später, genau in dem Augenblick, in dem man das Gefühl hatte, wie eine Wurst in der Luft zu hängen, ohne einen Tropfen Speichel im Mund, wenn die Geschwindigkeitsanzeige beinahe auf Null stand und die Motoren in der Luft absoffen und keine Kraft mehr hatten, das Flugzeug weiter in die Höhe zu ziehen, da nahm ich links Gas weg und drückte das Pedal auf derselben Seite durch, die *Settantanove* drehte sich um die Längsachse und schaute schräg nach unten. Sofort nahm ich auch die beiden anderen Motoren weg, die Geschwindigkeit stieg unverhältnismäßig an, ich zog das Höhenruder und zog am Steuerknüppel, und wie ich zog. Mit einem langen Kreisbogen gewann das Flugzeug die Fluglinie wieder, streifte die Eukalyptusbäume, glitt tief über die Wiesen. Beim erstenmal hätte ich mich fast umgebracht, aber ich wollte »meine« *Settantanove* willkommen heißen; dein Flugzeug ist da, Aichner, sagte der Kommandant, ich ließ die Besatzung am Boden, nahm nur den Bordmechaniker mit, wir gingen hoch, und als ich die Rolle flog, wären wir fast draufgegangen, es war ein Morgen im Frühling neunzehnhundertzweiundvierzig, ja, an dieses Datum erinnere ich mich gut, ich war dreiundzwanzig und ausgebildeter Pilot. Die Maschine war ein Torpedoflugzeug, das Torpedieren war ihre Spezialität, ich war also Pilot eines Torpedoflugzeugs. Die *Settantanove*, das Flugzeug, ein wahres Juwel, eine wunderbare dreimotorige Savoia Marchetti, die das Flakfeuer wegsteckte wie nichts, eine finster dreinblickende Maschine, eine von jenen, deren Form bereits etwas von einem Freibeuter hat, und auch wir waren ein wenig Freibeuter, wir waren zur Freibeuterei gezwungen aufgrund der Ungleichheit der Mittel, der Umstände, der Einfalt derer, die uns, der besten italienischen Tradition folgend, in den Mittelmeerkieg schickten, jede Menge Genies, aber keine Struktur, auf die man sich hätte verlassen können. Ein Juwel, wie ich bereits sagte, eine wunderbare dreimotorige Maschine, gefleckt wie ein Leopard aufgrund ihrer Tarnung für das Mittelmeer, der Buckel gleich über dem Cockpit war für den MG-Schützen, ein MG nach vorne, eines Richtung Heck, zwei Rohre, die aus dem Buckel ragten, dem Buckel des »verdammten Buckligen«, wie die Maschine einmal genannt worden war, auf deren Ruder sich das savoyische Kreuz befand, und wie oft hatten wir vom Schlauchboot aus, an das wir uns nach der Wasserung klammerten, mit angesehen, wie dieses Kreuz ganz zuletzt unterging, gemeinsam mit den drei Liktorenbündeln, die sich auf kreisrunden Scheiben auf der Oberseite der Tragflächen befanden, während das Flugzeug in die Tiefe sank. Aber davor trieb es stundenlang auf der Wasseroberfläche. Eine schöne dreimotorige Maschine, man kann es nicht leugnen, ein Juwel, aufregend, sie zu fliegen, außer den MGs im Buckel gab es noch eines im Rumpf, mit dem man durch die seitlichen Luken schießen konnte, aber das Glanzstück, die wahre Wunderwaffe, befand sich unter dem Bauch, ein tausend Kilo schwerer Torpedo; im Tiefflug über die Wellen gleiten, den Torpedo abfeuern und die Flanke eines Kreuzers treffen war eine komplizierte Übung, bei der man die höhere Mathematik instinktiv beherrschen mußte; wir kamen tief übers Meer geflogen, nicht um dem Radar zu entgehen, von dem wir nicht einmal wußten, daß es die Engländer besaßen, wir kamen so tief übers Meer, um die Erdkrümmung auszunützen und erst im letzten Augenblick sichtbar zu sein, sechs Personen pro Flugzeug, zwei Piloten, ein MG-Schütze, ein Funker, ein Fotograf, die Fotos waren wichtig, wenn Sie wollen, erkläre ich Ihnen später, warum, und ein Bordmechaniker. Laut Statistik flog ein Torpedoflugzeug – Maschine samt Besatzung – drei, vielleicht vier Einsätze, die Wahrscheinlichkeitsrechnung oder das Sperrfeuer der Schiffe verhinderte meistens, daß man auch vom fünften zurückkehrte, und dennoch waren wir alle stolz, Piloten von Torpedoflugzeugen zu sein, wir wären es auch gerne im normalen Leben gewesen, aber wir waren zu jung und zu naiv, wir waren alle um die Zwanzig, eine gute Truppe, das können Sie mir glauben, die von Angst und Sorge zusammengeschweißt wurde, wirklich eine gute Truppe, der Kommandant war sechsundzwanzig, ein Held, als wir glaubten, er sei tot, nahmen wir seinen Namen an, wir waren die Buscaglia-Gruppe, der erstaunlichste Luft-Wasser-Zirkus, den man im Krieg im Mittelmeer zu sehen bekam.

Der ältere Herr hielt einen Augenblick inne, er sah mich an und neigte leicht den Kopf, dann lächelte er freundlich. Ich überhäufe Sie mit Worten, sagte er, verzeihen Sie mir, ich möchte nicht, daß Sie mich für einen alten Mann halten, der seine Erinnerungen nicht für sich behalten kann. Ich widersprach ihm, ganz im Gegenteil, ich war neugierig und hörte ihm gerne zu. Die Angst, fuhr er also fort, nun, dann muß ich Ihnen als erstes von der Angst erzählen, denn wenn ich Ihnen von der Angst erzähle, können Sie vielleicht meiner Geschichte besser folgen; während des Gefechts hatte man nie Angst, dabei verspürte man eine Art unmittelbare körperliche Furcht, die entweder sofort in eine Katastrophe mündete oder in das Glück, davongekommen zu sein; man mußte so schnell handeln, daß man in eine Art Trance verfiel, man mußte tanzen, sich einem instinktiven Rhythmus überlassen, sich auf den Rhythmus konzentrieren und an nichts anderes denken, wenn man von einer Flakgranate voll erwischt wurde, war man ohnehin tot, bevor man es merkte, man mußte sich dem Instinkt überlassen, dem reinen Rhythmus der Geschoßbahnen, die nur vom Schicksal durchkreuzt wurden, mit diesem Schicksal übereinstimmen und tanzen. Graziani zum Beispiel, kennen Sie Giulio Cesare Graziani? Nein, macht nichts, er lebt noch, wie ich; es geschah beim Angriff auf einen Geleitzug vor Tobruk, in dem Augenblick, in dem er den Torpedo abwerfen wollte – eine Hand auf dem Steuerknüppel, die andere auf dem Abzug –, bemerkte er Flecken auf der Scheibe der Kanzel und spürte etwas Feuchtes am Hals, aber er war zu abgelenkt von dem Gefühl, daß es nach dem Abwurf nicht den üblichen Ruck gegeben hatte, der darauf hinwies, daß das Flugzeug um einen tonnenschweren Torpedo leichter geworden war, zu sehr damit beschäftigt, Kurven zu fliegen und das Flugzeug über die Tragfläche abkippen zu lassen, was notwendig war, um zu entkommen, und erst als er das Sperrfeuer der Schiffe hinter sich gelassen hatte, griff er sich mit der Hand an den Hals und zog sie entsetzt zurück, auf seiner Handfläche lag ein halbes menschliches

Hirn, es war das Hirn des Fotografen im Rumpf, dem von einer Granate die Schädeldecke weggerissen worden war, er drehte sich erschrocken zu seinem Copiloten um und sah, daß er zur Seite gesunken und sein Hemd voller Blut war; er hörte, wie der Bordmechaniker hinter ihm vor Schmerzen winselte, der MG-Schütze, der ebenfalls verletzt war, kam in die Führerkanzel gelaufen und meldete, der Fotograf sei tot und der Torpedo nicht ausgeklinkt. Alles in einem einzigen Augenblick, einem äußerst komplexen Augenblick, wie man heute sagen würde. Er flog mit seiner Besatzung zurück, deren eine Hälfte tot und deren andere verwundet war, bevor es dunkel wurde, konnte er noch erkennen, daß an der Kanzelverglasung nicht nur Hirnmasse klebte, sondern sich auch Einschußlöcher befanden, eines war genau dort, wo er für gewöhnlich am Steuer saß, als das Projektil durchschlug, hatte er sich leicht über den Abwurfhebel gebeugt, es hatte ihm die Schulterklappe seiner Fliegeruniform weggerissen und dann dem Bordmechaniker hinter ihm zwei Finger zerfetzt. Als er in Gadurrà landete, war es bereits Nacht. Die Luke wurde von außen geöffnet, die Toten und die Verwundeten wurden ausgeladen, ihn fanden sie im Pilotensitz, die Hände am Steuerhorn, er weinte, und man mußte ihn aus dem Flugzeug heben.

Sie sehen, Angst hatte man nicht während des Gefechts, sondern davor und danach, wenn wir einsatzbereit unter der Tragfläche des Flugzeugs standen und darauf warteten, daß jemand mit einem Zettel in der Hand gelaufen kam, oder am Abend vor einem Einsatz, wenn wir die Route studierten und aufgrund der Karten zu erraten versuchten, was uns erwartete; gegen die Angst anzukämpfen hieß, bei jeder alltäglichen Verrichtung den Gedanken zu verdrängen, es könne das letzte Mal sein, die letzte Rasur, der letzte Krawattenknoten, der letzte Kaffee, der letzte Brief, die letzte Nacht in einem Bett. Buscaglia gab oft zu, daß er Angst hatte und sich Sorgen machte wegen des Risikos, er bekämpfte diese Gefühle wie wir alle, aber dennoch war er der Kommandant. Es gab auch welche, die die Gefahr leugneten, und das ersparte ihnen die geistige und körperliche Erschöpfung, die mit dem Wissen um sie bei normalen Menschen einherging; aber manchmal denke ich, die Besten sind gerade die mit dem sorgenvollen Blick, die Besorgten und Schweigsamen, auch wenn das keine Regel ist. Buscaglia jedenfalls war so einer.

Wir starteten von Pantelleria oder von Decimomannu in Sardinien, von Gerbini am Fuße des Ätna, meistens aber von Rodi in der Ägäis, die Regia Aeronautica hatte hier eine Piste mit ein paar Baracken errichtet, Gadurrà, das Flugfeld fiel zum Meer hin ab, bis ans Ufer, wenn der Wind von den Hügeln herunterwehte, war es schwierig, vollbeladen in Gegenrichtung auf der ansteigenden Piste zu starten. Wenn ich zwischen den Einsätzen Zeit hatte, setzte ich mich in die Tempelruine von Lindos, an manchen Abenden erschienen das Meer und die Hügel, die Olivenbäume und die dorischen Säulen so mütterlich und friedfertig, daß ich es kaum glauben konnte, mitten im Krieg zu sein. In meiner Heimat in Trient entsprach der Krieg einer Vorstellung von Grau, von Regen, Winter und Kälte, aber wie konnte man in einer Landschaft wie dieser Schmerz empfinden oder sterben?

Wir starteten von Gadurrà, unser Ziel waren Flottenverbände und Geleitzüge; doch der Einsatz begann schon viel früher, wenn unsere Geheimagenten, die in Algeciras oder in Tanger stationiert waren, Rom meldeten, daß Schiffe über Gibraltar ins Mittelmeer eindrangen. Ich habe Ihnen erzählt, es handelte sich um eine Operation, bei der man die höhere Mathematik instinktiv beherrschen, vielleicht sollte ich lieber sagen, verinnerlicht haben mußte und die mit einem zehn Tonnen schweren Flugzeug und sechs Personen an Bord durchgeführt wurde, das ganz knapp über der Wasseroberfläche und zwischen den Schiffen hindurchgesteuert werden mußte, im Sperrfeuer und Granathagel: der Torpedo mußte aus sechzig Meter Höhe über dem Meer abgeworfen werden, bei einer Geschwindigkeit von dreihundert Stundenkilometern, wobei das Flugzeug per Hand in perfekter horizontaler Fluglage gehalten werden mußte; am hinteren Ende des Torpedos befand sich ein kleines Leitwerk, das ihm beim Gleiten half, beim Aufprall im Wasser löste es sich, und der Torpedo verwandelte sich vom Lufttorpedo in einen Wassertorpedo, schon deshalb waren wir den U-Booten ähnlich. Unsere Aufgabe war es, von der Luft aus ein Ding auf die Meeresoberfläche abzusetzen, das sich danach nicht mehr beeinflussen ließ, alles hing vom Abwurf ab, danach konnte man sich auf den Kopf stellen oder alles mögliche tun; mit Hilfe der Flughöhe und -geschwindigkeit sowie des Leitwerks wurde der Einschlagwinkel der Torpedos bestimmt, dabei galt es zu vermeiden, daß er in den Wellen versackte oder über das Wasser sprang und dahinschlitterte wie ein von einem Jungen am Strand geschleuderter Kieselstein. Der Torpedo behielt auf seiner Bahn die Geschwindigkeit des Flugzeugs bei, von dem er sich getrennt hatte, dreihundert Stundenkilometer, sobald er aber auf das

Wasser aufschlug und eintauchte, verringerte sie sich auf siebzig Stundenkilometer. Deshalb war es wichtig, ihn so nahe wie möglich am Schiff abzuwerfen; nahe, sage ich, aber nicht zu nahe, denn sobald er im Wasser war, beschrieb er eine Sinuskurve, und noch bevor er sich stabilisierte, an einem Tiefpunkt der Sinuskurve, hätte er unter dem Kiel des Schiffes durchlaufen, es in der Tiefe überholen und auf der anderen Seite davonjagen können. Folgen Sie mir wie in der Schule oder wie bei einer Walzerdrehung: Wenn bei einer Flughöhe von siebzig Metern die Flugbahn des Torpedos in der Luft ungefähr dreihundert Meter beträgt, wenn der Torpedo, sobald er im Wasser ist, noch einmal zweihundert Meter Laufstrecke braucht, um sich in einer Tiefe zu stabilisieren, die an Land eingestellt worden ist und die, je nach Schiff, das man torpediert, zwei bis acht Meter beträgt, geht daraus hervor, daß der Torpedo aus einer Mindestentfernung von fünfhundert Metern abgeworfen werden muß. Übrigens, wenn man den Torpedo aus größerer Entfernung abwarf, sagen wir, aus tausend Metern, hätte er, um auch nur das langsamste Schiff zu treffen, so lange gebraucht, daß es diesem möglich gewesen wäre, zu manövrieren und zu entkommen. Das Aufklatschen im Wasser unter einem Flugzeug, das sich mit rasender Geschwindigkeit näherte: das konnten sie auf dem Schiff wahrnehmen, und von diesem Augenblick an waren sie mit dem Tanzen dran, für uns war es beeindruckend, hinter der Kanzelverglasung einen Panzerkreuzer zu sehen – wir flogen ja auf der Höhe der Bordwände – und zu beobachten, wie er bei voller Geschwindigkeit manövrierte und mit dem Bug Wasserfontänen aufwarf, im Wettlauf mit der Zeit, die der Torpedo brauchte, um ihn zu treffen. Das Schiff konnte sich nur dadurch retten, daß es eine mühevolle Wendung vollführte, denn wenn der Aufschlagwinkel zu spitz oder zu stumpf war, gab es im Moment des Aufpralls keine Explosion, die ganze Angelegenheit, verinnerlichte Mathematik und Tanz im Granatenhagel, endete einfach mit dem Aufeinanderschlagen zweier Metallteile, mit einer Beule, einem blauen Auge sozusagen, stellen Sie sich vor, die ganze mühevolle Präzisionsarbeit und die Todesgefahr nur wegen eines kleinen Zusammenstoßes, einer harmlosen Kollision im Meer zwischen einem Schiff und irgendeinem Metallteil, das den Schiffsrumpf entlanggleitet und dann irgendwo untergeht.

Wenn man ihn aus einer Entfernung von fünfhundert Metern abwarf, dauerte es zwanzig Sekunden, bis der Torpedo die Breitseite traf, und wenn der Pilot den Weg, den das Ziel zurücklegte, und den Schußwinkel, den Vorhaltewinkel, richtig berechnet hatte, war nicht einmal das schnellste Schiff imstande, der Waffe auszuweichen. Denn das Wichtigste der verinnerlichten Mathematik war der Vorhaltewinkel, der Winkel, der von der Richtung des fahrenden Schiffes und der Geraden gebildet wurde, die seine Position und jene des Flugzeugs im Augenblick des Abwurfs verband; ein Winkel wie eine Hypothek oder wie ein Schlager, ich ziele beim Abschuß nicht dahin, wo du gerade bist, sondern wo du erst in zwanzig Sekunden sein wirst, sofern meine Rechnung stimmt. Aber wie Sie sich vorstellen können, läßt sich eine Hypothek nicht immer einlösen. Wenn der Torpedo zwanzig Sekunden Zeit hatte, um das Schiff zu erreichen, so hatten wir, Flugzeug und Mannschaft, nach dem Abwurf höchstens vier oder fünf: das war der Fluchtweg, die kritischste Phase, aber der Fluchtweg war sehr knapp bemessen, manchmal waren wir so dicht dran, daß wir weder Zeit noch Platz hatten zu wenden, wir mußten über das Schiff hinwegfliegen, so tief, daß wir Antennen und Aufbauten beinahe streiften, und dabei ließen wir das Flugzeug abkippen, wir überzogen es, ließen es über die Tragfläche abgleiten, rissen es steil am Himmel empor, Kunstflugnummern, die für ein dreimotoriges Torpedoflugzeug nicht vorgesehen waren, sich jedoch ausgezeichnet dazu eigneten, die Flakschützen zu täuschen, die wir im Vorbeifliegen sehen konnten, wie sie wie wild Geschütze und Maschinengewehre schwenkten.

Es war schwierig, dem Geleitzug zu entkommen, aber mit der Zeit wurde es auch schwierig, in ihn einzudringen. Am Anfang, bei den ersten Torpedierungen, verfolgten uns die Engländer mit Jägern, wobei sie auf die einzelnen Flugzeuge zielten, dann kam das *grand barrage* an die Reihe, das war kein Tanzschritt, sondern eine Wand aus Feuer, wenn sie uns kommen sahen, richteten sie die ganze Artillerie auf uns und zogen mit den Geschützen am Himmel eine Wand aus Sperrfeuer hoch, die knapp über dem Wasser von Garben aus vier- bis achtläufigen MGs abgeschlossen wurde, die das Meer wie mit einem Kamm durchpflügten. Diese Wand aus Eisen und Feuer, an der für uns die Wahrscheinlichkeitsrechnung galt, konnten wir nur in horizontaler Fluglage und bei gleichbleibender Höhe durchqueren, um den Torpedo im Meer abzusetzen. Flog man in diesen von schwarzen Wölkchen bedeckten Himmel hinein, begann das Flugzeug von selbst auf den Druckwellen der Explosionen zu tanzen, die Augen begannen zu tränen wegen des Pulverdampfs der Granaten, und um die Wahrheit zu sagen, nicht nur wegen des Pulverdampfs, der Mund wurde staubtrocken, man schlüpfte in einen Korridor zwischen einem Zerstörer und einem Kreuzer, wobei man unterhalb der Bordwände flog, so tief, daß einem die Wassersäulen, die von den einschlagenden Projektilen verursacht wurden, auf die Tragflächen und die Scheibe der Kanzel klatschten, bis man nach dem Abwurf und der Flucht das Steuer durchzog und das Flugzeug in den Himmel riß und sich die Mannschaft so gut wie möglich an den Streben festhalten mußte.

Sofern es keine eindeutige Explosion gab, hätte niemand in diesem mörderischen Durcheinander mit Sicherheit sagen können, ob der Torpedo getroffen hatte oder nicht; aus diesem Grund gab es den Fotografen; während Pilot und Copilot mit Tanzen und Mathematik beschäftigt waren, die Augen voller Tränen, beugte sich der Fotograf, der an den Füßen vom MG-Schützen festgehalten wurde, aus dem Geschützturm am Buckel, um mit seiner Leica und dem Teleobjektiv ein Foto nach dem anderen zu schießen, Momentaufnahmen, die nicht nur dazu dienten, dir eine Medaille einzubringen, denn die Engländer gaben nicht immer zu, daß eines ihrer Schiffe beschädigt oder versenkt worden war; Buscaglia brauchte die Fotos, um den Einsatzhergang, von uns und von ihnen, zu studieren. Kaum waren wir gelandet, stürzten die Fotografen in die Dunkelkammern, und eine halbe Stunde später kamen sie mit tropfnassen Fotos heraus, die auf dem Tisch des Kommandanten landeten; schöne Fotos, keine Frage, unfreiwillige und außergewöhnliche Reportagen, für uns unauslöschliche Erinnerungsfotos, wenn man das Geschehen unmittelbar danach betrachtete, hätte man es nicht für möglich gehalten, mittendrin gewesen zu sein, es überlebt zu haben. Aufgrund der Fotos beurteilte man, ob die Wassersäule an der Bordseite eines Schiffs vom allgemeinen Durcheinander oder von der Explosion eines Torpedos verursacht worden war und was er für einen Schaden angerichtet hatte; aber auch unsere eigenen Schäden ließen sich so feststellen, auf einem Bild sah man zum Beispiel eine brennende *Settantanove* genau in dem Augenblick, in dem sie ins Meer stürzte, und aus dem aufspritzenden Wasser ließ sich herauslesen, ob Hoffnung bestand, daß die Besatzung überlebt hatte, oder nicht. Wasserungen kamen häufig vor, auch darin glichen wir den U-Booten, aber es hing davon ab, wie man mit dem Flugzeug auf dem Wasser aufschlug, ob es brannte und ob es sich noch steuern ließ: Klappen raus, Hebel runter, im letzten Augenblick stemmte man die Füße und den rechten Arm gegen das Armaturenbrett, mit dem linken riß man am Steuerknüppel, um das Flugzeug hochzuziehen, das von den Wellen verschluckt und ein paar Sekunden später wieder ausgespuckt wurde, wenn alles gutging, sah man nach einem schrecklichen Rückstoß das Wasser aufschäumend über die Kabinenhaube fließen, und die *Settantanove* kam in den Wellen treibend zum Stehen. Dann ließen wir das Boot zu Wasser, und wenn Zeit genug war, entfernten wir alles Brauchbare und zerstörten die Chiffrierschlüssel, die, um so rasch wie möglich zu sinken und unauffindbar zu sein, in Blei gebunden waren.

Ich bin ein paarmal im Meer gelandet, wissen Sie, das erstemal aus Dummheit; als ich von einem Übungsflug zurückkam, flog ich, um meine Freunde zu begrüßen, in der Reede von Pula so tief über das Wasser, daß die Propeller der seitlichen Motoren die Schaumkronen berührten, die Warnsignale ertönten, und die Spitzen der Propeller bogen sich nach außen; es gelang mir, wieder an Höhe zu gewinnen, aber das Flugzeug, das nur von dem Motor in der Mitte gehalten wurde, sackte schnell ab, die Besatzung kam vorwurfsvoll ins Cockpit gelaufen, während ich Blut und Wasser schwitzte, bald jedoch neugierig, wie ich es denn nun schaffen würde, und schließlich voller Bewunderung, daß mir eine Wasserung gelungen war, ohne daß mir je irgend jemand erklärt hätte, was mit einem Landflugzeug geschieht, wenn es im Wasser landet. Das zweitemal wasserte ich vor Pantelleria, nachdem ich gerade meinen Zerstörer versenkt hatte, verzeihen Sie, wenn ich ihn als »meinen« bezeichne, eigentlich gehörte er einem englischen Kommandanten, den ich viele Jahre später in London kennengelernt habe, ein netter, ziemlich verschrobener Typ; man hatte uns erwischt, noch bevor wir den Torpedo abwerfen konnten, als wir das Schiff überflogen, bekamen wir noch eine Ladung ab, ich spürte, wie ich die Kontrolle über das Flugzeug verlor. Sobald wir im Meer waren, kletterte ich auf eine Tragfläche, die Besatzung stieg ins Schlauchboot, und ich begann mit dem Hammer das Querruder zu bearbeiten, um daraus ein Schiffsruder zu machen, der Copilot montierte inzwischen den Kompaß vom Armaturenbrett ab, den konnte man immer brauchen; als sie uns aus dem Schlauchboot zuriefen, drehten wir uns gerade noch rechtzeitig um, und wir sahen, wie der Bug des Schiffes auf obszöne Weise aus dem Wasser ragte, während es mit dem Heck voran unterging. Das geschah in der Schlacht von Mezzo Giugno, im Juni zweiundvierzig, glaube ich.

Das drittemal, nun, das drittemal, vielleicht erzähle ich es Ihnen später. Was das Risiko anging, so hätte nicht mehr viel gefehlt, und wir, die wir Piloten von Torpedoflugzeugen waren, wären Kamikaze gewesen, etwas Ähnliches mußte dem Generalstab auch vorgeschwebt haben, denn in der Schlacht von Mezzo Agosto ließ er, nachdem vom Flugzeugträger *Furious* auf der Höhe des Meridians von Algier gut vierzig *Spitfires* zur Verteidigung Maltas aufgebrochen waren, eine *Settantanove* vom Flughafen Villacidro in Sardinien starten, die ohne jegliche Besatzung flog und über Funk von einer *Cant Z* aus gesteuert wurde, die hinter ihr herflog, die mit Sprengstoff vollgestopfte *Settantanove* sollte eines der größten Schiffe des Verbandes treffen, alles funktionierte nach Plan, bis die englische Einheit in der Nähe der Galite-Inseln in Sichtweite kam, hier überhitzte sich ein Kondensator der Fernsteuerung, eine Billigproduktion wie immer, die *Settantanove*, die die Impulse nicht mehr empfing, flog über den Verband hinweg und geradewegs weiter nach Algerien, wo sie zerschellte. Für die Sanitäter war es ein großes Rätsel, warum sich im Wrack nicht die Spur eines Menschen befand. Mezzo Giugno, Mezzo Agosto, seltsame Namen für Schlachten, Namen, die sich auf den Zeitpunkt und nicht auf den Ort beziehen, jedenfalls waren es die letzten zwei See-Luft-Gefechte im Mittelmeer, beide sollten die Engländer daran hindern, Malta zu versorgen. Aber Malta war inzwischen für uns verloren, und wir hatten ganz andere Probleme: da wir über alle Frontlinien flogen, hatten wir das traurige Privileg, früher als alle anderen zu erkennen, daß der Krieg verloren war, man brauchte ja nur die beeindruckende Anzahl der Schiffskonvois zu sehen, die wir angriffen und die ins

Mittelmeer eindrangen und sich in den Häfen drängten, später, als wir die Schiffe in der Reede von Algier oder Gibraltar beschossen, durchschauten wir es endlich, das waren Kampfhandlungen, gewiß, aber auch Propagandamaßnahmen, kleine Einsätze, um die Kriegsberichte zu füllen und die Moral zu stärken oder um vielleicht irgendwo einen Gebirgsjäger in Albanien in der Illusion zu bestärken, daß sich das *mare nostrum* noch in unserem Besitz befand; wir riskierten Kopf und Kragen, drei oder vier Einsätze und nicht mehr, erinnern Sie sich, mit jedem Einsatz wuchs unsere Überzeugung, daß es schlecht ausgehen würde, und diese Gewißheit, glauben Sie mir, machte alles nur noch schlimmer und hoffnungsloser. Dann wurde in Comiso ein feindlicher Bomber erbeutet, die Besatzung war englisch, das Flugzeug aber amerikanisch, die Piloten hatten den Flughafen von Comiso mit dem von Malta verwechselt, ist Ihnen das nie passiert?, sie waren seelenruhig gelandet, der diensthabende Offizier ahnte, daß es sich um einen Irrtum handelte, und gab den Befehl, nicht zu schießen, ganz im Gegenteil, er ließ die Wache antreten und begrüßte die Besatzung, die lächelnd ausstieg und feststellen mußte, daß sie sich in Feindeshand befand. Sie sehen, manchmal ist der Krieg auch komisch, aber wir hatten wenig zu lachen, der Bomber war ein Wunderwerk der Technik, bestens ausgerüstet, und die wichtigsten Teile waren mit harten und dicken Metallplatten gepanzert. Es war Oktober zweiundvierzig, der Krieg war zu diesem Zeitpunkt schon verloren, glauben Sie mir, einen Monat später landeten die Amerikaner in Algerien, sie kamen am 8. November um ein Uhr nachts, ich erinnere mich so gut daran, weil uns Buscaglia am frühen Nachmittag antreten ließ, er sprach mit gelassener Stimme, und er sagte, wir dürften uns von diesen Vorfällen nicht aus der Ruhe bringen lassen, wir befinden uns im Krieg, und ihr kennt eure Pflicht, in einer Stunde fliegen wir in die Reede von Algier. Bei Tageslicht war es unmöglich, anzugreifen, die *Spitfires*, die von den Flugzeugträgern aus starteten, hätten uns massakriert, wir würden in der »bürgerlichen Dämmerung« kommen, so nennen die Filmleute die Zeitspanne, wenn die Sonne bereits untergegangen ist, ihr Lichtschein jedoch noch immer am Himmel steht, so wie das Licht jetzt, während wir uns unterhalten, nur mit dem Unterschied, daß es damals Spätherbst war; genau in diesem letzten Tageslicht mußten wir den Hafen von Algier erreichen, so daß man uns von den Jagdbombern und den Schiffen aus nicht erkennen konnte, wir jedoch deren Umrisse noch ausmachten, in jenem Halbdunkel, das an einem solchen Herbstnachmittag fünf oder sechs Minuten dauert, ein schönes Beispiel für Koppelnavigation, für verinnerlichte Mathematik, wenn Sie so wollen, zuerst tausend Kilometer mit zwölf Flugzeugen im Verband zurücklegen und dann am Ziel nur noch ein Spielraum von wenigen hundert Sekunden. Wir starteten von Castelvetrano in Sizilien, wohin man uns inzwischen verlegt hatte, einem Ort, der für sein Olivenöl und seinen ausgezeichneten Wein bekannt war; über dem Mittelmeer trafen wir auf Sturmböen, tosende Regensäulen zwischen Meer und tiefhängenden Wolken, wir umgingen sie, indem wir ständig beidrehten, Buscaglia mußte jedesmal nachrechnen, wieviel Zeit wir verloren hatten, er mußte den Kurs neu berechnen und die Versetzung durch den Wind, wirklich eine schöne Übung in Koppelnavigation. Schließlich erkannten wir in der Dämmerung die Silhouette des Tellatlas und im Westen die schwarzen Umrisse großer Kriegsschiffe, aber wir waren spät dran, zu spät, die Sonne war schon untergegangen, was zwar sehr gut war, aber der restliche Schimmer des Tages wurde von Sekunde zu Sekunde schwächer, es war fünf nach sechs an einem Novembernachmittag, und die Stimme Buscaglias gab im Kopfhörer ohne jede Emotion den Befehl, auf Gegenkurs zu gehen, kehren wir nach Sizilien zurück. Zwei Tage später griff Buscaglia östlich von Algier, in der Bucht von Bougie, an, er wollte nur drei Flugzeuge dabeihaben, mit Graziani, Faggioni und Angelucci am Steuer, der neu in der Gruppe war, und so blieb ich etwas enttäuscht zurück. Anstatt vom Meer her beschloß Buscaglia diesmal den Hafen von Bougie über Land anzufliegen, deshalb verließen sie auf der Höhe der Galite-Inseln das Mittelmeer und flogen nach Tunesien hinein, zunächst im Tiefflug Richtung Westen, dann in einer Kurve nach Norden, um die Berge zu überwinden und im Sturzflug in die Reede von Bougie einzufallen; die Überraschung gelang nur zum Teil, denn eine zweimotorige deutsche Maschine, die in größerer Höhe flog und sie von dieser Seite kommen sah, verwechselte sie mit Engländern oder Amerikanern und stieß im Sturzflug auf sie herab, sofort wurde aus allen Richtungen das Feuer eröffnet, sie wurden von den Schiffen und den Flakstellungen auf dem Festland beschossen, und die *Spitfires* starteten von den Flugzeugträgern, Buscaglia und die anderen schlossen sich zum Verband zusammen, um sich besser vor den Jägern zu schützen, in der Bucht bot sich ihnen ein schreckliches Schauspiel, noch nie hatten sie so viele Kriegsschiffe, so viele Geschütze und dementsprechend viel Feuer gesehen, inmitten eines Feuerwerks von Explosionen ließen sie sich wie üblich auf die atemberaubende Höhe von ungefähr siebzig Metern fallen, sie bekamen einiges ab, während sie weiter geradeaus flogen, in diesem Augenblick starben Angelucci und seine Besatzung, man sah, wie das Flugzeug inmitten der Rauchwölkchen von den Granaten Feuer fing, sich aus dem Verband löste und in die Hügel stürzte, erst vor ein paar Jahren wurden ihre sterblichen Überreste nach Italien gebracht. Die anderen drei warfen die Torpedos auf die Frachtschiffe ab, die im Hafen vor Anker lagen, der einzigen sinnvollen Beute, denn Kriegsschiffe konnten schnell ersetzt werden, während der Nachschub nach wie vor kostbar war; als sie die Molen anvisierten, befanden sie sich jedoch plötzlich über den Häusern und mitten in der Senke von Bougie, sie rissen die Flugzeuge hoch und schnitten eine Steilkurve, wobei sie um ein Haar die Felsen streiften, am Zenit des Steigfluges ließ Faggioni die Maschine über die Tragfläche abkippen und flog unter seinen Kameraden durch, Buscaglia machte dasselbe, auf diese Weise kehrte der ganze Verband um, und die Formation stürzte sich aufs neue im Sturzflug von den Gipfeln hinunter, was für eine Zirkusnummer!, was für ein Tanzschritt mit diesen Büffeln, noch dazu inmitten des feindlichen Feuers, reiner Instinkt, der sich dem Rhythmus überließ, übrigens waren die drei die besten und erfahrensten Piloten von Torpedoflugzeugen, die es gab; sie flogen erneut durch den Hafen, das war der einzige Fluchtweg, wieder bekamen sie einiges von der Flak ab, und kaum waren sie draußen, wurden sie von den *Spitfires* in Empfang genommen, die sie voll unter Beschuß nahmen, sie schlossen sich aufs neue eng zusammen, Tragfläche an Tragfläche, nur wenige Meter über dem

Wasser, um den Bauch, den empfindlichsten Teil der *Settantanove*, zu schützen, und so, daß die Jagdbomber, von denen sie verfolgt wurden, nie in den toten Winkel kamen und die MG-Schützen sie vom Buckel aus jederzeit im Visier hatten. Die *Settantanove* war außergewöhnlich sensibel in der Handhabung, und wer sie gut beherrschte, konnte mit ihr so im Verband fliegen, daß seine Tragfläche zwischen Heck und Tragfläche der anderen lag, am Anfang war es beängstigend, mit einem so schweren Flugzeug eine solche Formation zu fliegen, aber mit der Zeit wurde man mutiger, die Motoren mußten, so gut es ging, synchronisiert werden, es war nötig, großes Vertrauen zum Verbandsführer zu besitzen und mit Steuerung und Gashebel äußerst präzise umgehen zu können, damit man sich nicht gegenseitig mit dem äußeren Propeller die Spitze der Tragfläche zerfetzte. Diejenigen, die dich verfolgten, wurden dadurch mit einer Wand aus Feuer konfrontiert, die die MG-Schützen vom Rücken der *Settantanove* hochzogen, sie konnten ihre Gewehre jedoch nicht uneingeschränkt schwenken, da sie sonst das Leitwerk des Flugzeugs getroffen hätten, und die Jagdbomber hatten gelernt, sich in diese Schattenzone zu flüchten und dich mit Blei vollzupumpen. Das alles erzähle ich Ihnen, weil es, wie Sie sehen werden, bald von Bedeutung sein wird, und außerdem, weil die drei auf diese Weise und in dieser Formation der Bucht von Bougie und einem Geschoßhagel entkamen, den sie so noch nicht erlebt hatten, dabei ließen sie ein paar *Spitfires* zurück, die entweder ins Trudeln geraten oder getroffen worden waren und inmitten einer Rauchwolke bei den Fischen landeten.

Als sie nach Castelvetrano zurückkamen, erwartete

ich sie schon mit den Mechanikern und allen anderen am Parkplatz, Faggioni trat mit bleichem und angespanntem Gesicht auf die Treppe, ging zu Buscaglia, der gerade die Schäden an seinem Flugzeug überprüfte, und schrie ihn an, es sei purer Wahnsinn gewesen, so eine Festung mitten am Tag anzugreifen, reiner Selbstmord, und noch dazu umsonst. Der Wutausbruch war überraschend bei einem so außergewöhnlichen und höchst disziplinierten Piloten wie Faggioni, der viel zu verantwortungsbewußt und psychologisch ausgebildet war, um nicht zu wissen, daß man solche Dinge nicht vor anderen Offizieren, Unteroffizieren oder Piloten abhandelte; aber Buscaglia war das auch, und deshalb ging er weg, ohne etwas zu erwidern. Graziani nahm Faggioni beiseite, damit er bei ihm seine Wut auslassen konnte, im übrigen waren die drei die ältesten und verantwortungsvollsten befehlshabenden Offiziere, und wer befehlen will, muß, wie Sie sich vorstellen können, auch wissen, wie die Menschen funktionieren, und sich um ihre Gefühle kümmern. Buscaglia bestellte Graziani in sein Büro, Was willst du mir sagen? Ich will dir sagen, daß Faggioni zum Teil recht hat, antwortete der andere, es ist Wahnsinn, den ganzen Gürtel der Kriegsschiffe zu durchbrechen, um zu den Frachtschiffen inmitten der Hafenanlagen zu gelangen, daß von den vier Besatzungen drei aus Bougie herausgekommen sind, haben wir nur dem Glück zu verdanken und der Tatsache, daß die Amerikaner noch unerfahren sind und uns mit den Jagdbombern verfolgten, anstatt Sperrfeuer auszulösen wie die Engländer. Sehen Sie, sagte der ältere Herr und fuhr fort, in indirekter Rede zu erzählen, was er selbst nicht erlebt hatte, Graziani versuchte zu vermitteln, in der Mannschaft herrschte eine gewisse Unzufriedenheit, man munkelte, Buscaglia ginge bei seinen Einsätzen zu viele Risiken ein, um sich Lorbeeren zu verdienen, und er nehme dafür auch Verluste oder Menschenopfer in Kauf; das stimmte aber nicht, und Graziani versuchte, die Probleme ein wenig herunterzuspielen; du weißt sehr gut, sagte er, daß wir auf dem Rückzug nur deshalb mit den *Spitfires* fertig geworden sind, weil wir drei so große Übung darin besitzen, in enger Formation zu fliegen, die Offiziere sind aber der Überzeugung, daß es besser ist, bei Sonnenuntergang zu torpedieren, kurz bevor es dunkel wird, so daß die Jagdbomber einen nicht sehen können, und ich gebe ihnen recht. Ich nicht, antwortete Buscaglia, bei einem Jagdgeschwader verteidigt man sich am besten im Tageslicht mit Maschinengewehren am Rücken und in enger Formation, so wie wir es heute gemacht haben, außerdem ist es untertags leichter, im Wasser zu landen, wenn es einen erwischt.

Der ältere Herr wandte sich wieder direkt an mich, Ich möchte nicht, daß Ihnen dieser Disput über Licht und Dunkelheit theoretisch oder akademisch vorkommt, nichts war daran akademisch, es gab keine einzige Theorie, die nicht augenblicklich zu einem konkreten, positiven oder katastrophalen Ergebnis geführt hätte. Jedenfalls verließ Graziani Buscaglias Büro, ohne daß sie hinsichtlich der Lichtverhältnisse zu einem Ergebnis oder einer Entscheidung gekommen wären.

Während des Abendessens herrschte eine eisige Stimmung, sowohl aufgrund der Anspannung des Tages und der Bemerkungen, die gefallen waren, als auch aufgrund des Todes Angeluccis und seiner Besatzung, Angelucci hatte eine schöne Stimme gehabt, er konnte sehr gut singen, und ich hatte die Aufgabe, seine Gitarre und eine nagelneue himmelblaue Schöller-Uniform, mit der er vielleicht Eindruck schinden wollte, samt einem silbernen Zigarettenetui und einem Stapel Briefe einzupacken und an seine Familie zu schicken. Wir gingen bald zu Bett, Buscaglia hatte sich eine Autobatterie und eine Lampe in den großen Schlafsaal im Palazzo Pignatelli in Castelvetrano bringen lassen. Als er bemerkte, daß ich nicht einschlafen konnte, fragte er mich, ob ich Angst hätte, und ich bejahte. Ich habe auch Angst, sagte er; machen Sie die Lampe an und geben Sie mir die Karte. Mit dem Finger fuhr er die Route nach, wir werden über Tunesien und Algerien fliegen, was halten Sie davon? Gute Idee, antwortete ich. Er rief mich noch einige Male in der Nacht zu sich, um die Strecke mit mir zu besprechen, im übrigen war ich sein Generaladjutant. Am Tag darauf waren wir bereits im Morgengrauen am Flugplatz, abflugbereit und in Erwartung eines Befehls vom Oberbefehlshaber. Buscaglia kam mit seinem Auto zum Parkplatz gefahren, er ließ Graziani einsteigen, und wir sahen, wie sie am Ende des Fluggeländes ausstiegen und in einen Feldweg einbogen. Dort nahmen sie ihren Disput über Mittagslicht und Dämmerung vom Vorabend wieder auf, Buscaglia mit neuen Argumenten zugunsten des Lichts, der Ausbildungsgrad mancher Offiziere, sagte er, läßt es nicht zu, nachts zurückzufliegen, vor allem nicht bei schlechtem Wetter oder mit beschädigten Maschinen, also ist es besser, am frühen Nachmittag zu torpedieren. Graziani verwendete dasselbe Argument und drehte es um, wenn manche so schlecht ausgebildet seien, wie sollten sie dann im engen Verband fliegen können, Tragfläche an Tragfläche, um sich so vor den *Spitfires* zu verteidigen? Also gebe es keinen Grund mehr, sagte er abschließend, den Abend dem Tag vorzuziehen. Der ältere Herr unterbrach seine Erzählung, gewiß, eine solche Unterhaltung an einem Morgen des Jahres neunzehnhundertzweiundvierzig auf einem Militärflughafen in der Provinz Trapani mag Ihnen als philosophischer Dialog über Licht und Finsternis erscheinen, vielleicht beeinflußt von einer alten wissenschaftlichen Tradition des Ortes; es war aber lediglich das Gespräch zweier junger Männer, die nicht anders konnten, als sich über technische und taktische Fragen so zu unterhalten, daß ihre innersten Gefühle und Gedanken nur in einer Aura rund um solche Probleme zum Ausdruck kamen. Das Gespräch hatte so wenig Philosophisches an sich, daß es sich langsam auf den allgemeinen Verlauf des Krieges verlagerte, Graziani schwieg, denn er spürte das Bedürfnis des anderen, eine Anspannung loszuwerden, und sie löste sich in Form eines langen Monologs, der Krieg gehe voraussichtlich seinem Ende entgegen, die feindlichen Kräfte seien bei weitem überlegen, wir werden auf heimatlichen Boden zurückgedrängt, sagte er; man wird von unserer Gruppe äußersten Einsatz verlangen, viele von uns werden fallen, die, die mehr Glück haben, werden in Gefangenschaft geraten, und die wenigen, die überleben oder davonkommen, werden die Truppe neu aufbauen müssen. Graziani, der Buscaglia mochte und nie um eine Antwort verlegen war, wollte angesichts dieser katastrophalen Einschätzung wenigstens für den Augenblick eine Alternative anbieten; er sprach ganz allgemein davon, daß es wichtig sei, zu kämpfen, um dem Feind die größtmöglichen Verluste zuzufügen und selbst die wenigsten einzustecken; er fuhr fort mit dem Hinweis, es gebe doch immer weniger Mannschaften so wie sie, da es unmöglich sei, in kurzer Zeit neue zusammenzustellen, also, Carlo Emanuele, sagte er abschließend, warum greifen wir nicht in der Dämmerung an, wenn für uns die besten Bedingungen herrschen? Buscaglia war überrascht, daß der andere plötzlich wieder von vorne anfing, und gab den besorgten Ton auf, um noch einmal seine Argumente ins Feld zu führen, er wurde jedoch von einem Motorradfahrer unterbrochen, der vom Ende des Flugfeldes angefahren kam und meldete, jemand verlange ihn am Telefon; wenig später in seinem Büro erhielt er direkt vom Chef des Generalstabs den Befehl, und der Befehl lautete: Einsatz vom Tag davor in Bougie wiederholen.

Wir starteten um elf Uhr morgens, sechs Flugzeuge und sechs Besatzungen, Buscaglia an der Spitze; als wir gerade Gas gaben, verabschiedete er sich durchs Fenster von Graziani, der mit Faggioni zu Hause blieb, da sie beide am Einsatz davor teilgenommen hatten. Wir flogen aufs offene Meer hinaus, dann, in Sichtweite der Galite-Inseln, im Tiefflug nach Afrika, wir überquerten Tunesien und drangen tief nach Algerien ein, wobei wir uns diesseits der Berge hielten, die die Küste abschirmen, bis wir Richtung Norden abdrehten und in ein Tal auf der Rückseite des Tellatlas hineinflogen. Ich habe Ihnen diese Route bereits beschrieben, aber ich flog sie zum erstenmal; das Tal stieg langsam an und wir mit ihm, die Berghänge rückten immer näher zusammen, und ihre Gipfel hingen in einer Wolkendecke; aufgrund der Felswände waren wir gezwungen, immer höher zu steigen, so wie sich Flußwasser in einem Stausee staut, bis wir schließlich, zwischen Wolkendach und Flußbett eingeklemmt, aus den Wolken herausstürzten und wie ein

Wasserfall auf die Reede von Bougie niedergingen. Gewiß konnten sich die Engländer keinen Reim darauf machen, woher wir gekommen waren und warum uns keiner früher bemerkt hatte, Buscaglia gab über Kopfhörer den Befehl, sich zum Angriff zu formieren, wir stürzten uns hinter ihm in die Tiefe, meine *Settantanove* erreichte eine Geschwindigkeit wie noch nie zuvor, alles bebte, die Instrumente und die gesamte Konstruktion, ein irrsinniger Sturzflug in einem Getöse aus Metall und gespannter Leinwand, aber nicht nur die Leinwand knallte gegen die Rippen, über uns knatterten die Zwanzig-Millimeter-Geschütze der *Spitfires* und unter uns die Rohre der Schiffsbatterie, die ein heftiges und großartiges Sperrfeuer ausgelöst hatten, sie hatten nur einen Tag gebraucht, um zu lernen. Die Jäger verbissen sich sofort in Buscaglia, sie hatten gleich erraten, wo die fette Beute zu holen war, wir anderen wurden vernachlässigt, bei den ersten Garben fing seine Maschine Feuer, aber er flog unerschrocken weiter, ich sehe noch immer sein Flugzeug vor mir, das eine immer dichter werdende Rauchwolke hinter sich herzieht und unbeirrt weiterfliegt; ich war hinter ihm, ich versuchte, näher an ihn heranzukommen, um ihm Schutz zu bieten und mich mit ihm zum engen Verband zusammenzuschließen, Tragfläche an Tragfläche, aber ich konnte ihn nicht erreichen, ich flog bereits mit Vollgas und drückte die Schnauze nach unten, dadurch gewann ich zwar ein paar Meter, verlor jedoch an Höhe; ich befand mich außerhalb der Formation und unter ihm, mein MG-Schütze feuerte ohne Unterlaß, aber auf der anderen Seite brummten wie wild die *Spitfires*, sie drängten sich zwischen uns und setzten sich im Windschatten von Buscaglias Maschine fest. Erst als wir in Schußweite der Schiffsbatterien kamen, ließen sie von uns ab, ich hoffte, Buscaglias Mannschaft würde den Bordbrand eindämmen können, aber als wir einen Zerstörer überflogen, erwischte es das Flugzeug noch einmal, und die Rauchwolke wurde immer größer. Buscaglia überwand den Gürtel der Kriegsschiffe, visierte mit brennendem Flugzeug einen großen Dampfer in der Reede an und warf den Torpedo ab. Er flog bereits tief über dem Wasser, er ging in Gleitflug, um im Golf zu landen; als er aber auf dem Wasser aufsetzte, explodierte die Maschine, und das brennende Benzin vermischte sich mit dem Meer.

Der ältere Herr gab einen unerwarteten Seufzer von sich, dann schwieg er und warf mir einen flüchtigen Blick zu; am fühen Nachmittag, sagte er, kamen wir nach Castelvetrano zurück, einer nach dem anderen, Graziani, der gemeinsam mit den Mechanikern auf uns wartete, zählte fünf Flugzeuge am Himmel und begriff sofort, wem das sechste, das nun fehlte, gehört hatte. Während wir landeten, kam Faggioni mit seinem Flugzeug aus Catania und schloß sich uns an; sobald er unten war und an unseren durchlöcherten Maschinen vorbeirollte, fragten sein Fotograf und der MG-Schütze im Geschützturm über Zeichensprache die Mechaniker, ob jemand fehlte, und sie zeigten ihnen die Hand mit aneinandergelegtem Mittel- und Ringfinger und abgespreiztem Zeigefinger, was den Grad eines Majors bezeichnete. Der Fotograf stieg in die Pilotenkanzel hinab, um die Nachricht zu überbringen, und Faggioni zog die Bremsen fest, legte den Kopf auf den Steuerknüppel und weinte.

Buscaglia war tot. Ein As, werden Sie sagen, ein Held, ja, das war er gewiß, den Regeln zum Trotz, denn unsere

Zeit konnte mit Assen nichts mehr anfangen, der Begriff stammte aus dem Ersten Weltkrieg, ein allgemein üblicher Begriff für Leute mit außergewöhnlichen technischen und moralischen Fähigkeiten, dessen Verwendung später genau geregelt wurde, um Mißbrauch zu verhindern, es wurde sogar eine offizielle Liste der Flieger-Asse aus dem Ersten Weltkrieg aufgestellt, vor allem wurden Kampfflieger so bezeichnet. Aber wir kämpften nicht gegen Flugzeuge, wir kämpften gegen Schiffe, und außerdem hatte sich mit den Jahren das Bild des Kampffliegers verändert, er hatte nichts Individuelles mehr an sich, nichts von einem, der den Zweikampf sucht, wir wurden zu Mannschafts- und Gruppengeist erzogen, das war unser geistiges Format, ich würde sogar sagen, das Format unseres Gefühlslebens. Ein Geist, der keine Starallüren zuließ, wofür der Oberbefehlshaber mit strengen Maßnahmen sorgte, bei jedem Einsatz wechselten wir uns ab, um zu vermeiden, daß einer allein Verdienste anhäufte, und in den Kriegsberichten, selbst den spektakulärsten, wurden die Protagonisten nur mit ihrem Dienstgrad und den Initialen ihres Namens genannt, um sorgfältig jeden Personenkult zu vermeiden. Dennoch genossen wir Piloten von Torpedoflugzeugen besondere Aufmerksamkeit, das hatte sich einfach so ergeben, ohne daß wir es gewollt hätten, vielleicht, weil wir, wie auf dem Emblem von Buscaglias Staffel dargestellt, nur wenige waren, eine Handvoll Männer hintereinander in einem Torpedoflugzeug, eine Handvoll staunender und verblüffter Männer unter einer Schriftrolle, auf der *Pauci sed semper immites* stand, oder vielleicht, weil wir aufgrund unserer Art zu kämpfen zu Amphibienwesen geworden waren, zu Luft-und-Wasser-Wesen, U-Boot-Matrosen, die an die Wasseroberfläche getaucht oder vielmehr hinaufgeflogen waren, oder vielleicht einfach nur, weil wir eben eine Gruppe waren. Wie dem auch sei, als der Kriegsbericht vom 13. November zweiundvierzig den Tod unseres Kommandanten meldete, wurde er mit Vor- und Nachnamen genannt und für die hunderttausend Bruttoregistertonnen geehrt, die er bei seinen Einsätzen, den letzten eingeschlossen, versenkt hatte, und von diesem Tag an waren wir die Buscaglia-Truppe.

Pauci, aber eigentlich wurden wir immer weniger, in nur acht Monaten waren acht von zwanzig Mannschaftsführern gefallen, und was *immites* anbelangte, woher sollten wir den Mut nehmen, nach dem Tod Buscaglias noch einmal in eine *Settantanove* oder in sonstein Flugzeug zu steigen? Dennoch flogen wir weiter, mit der Angst in den Knochen, Graziani und Faggioni übernahmen die Führung über die Truppe beziehungsweise die Staffel, aber alles wurde schwieriger, die Verteidigung der Anglo-Amerikaner war inzwischen so gut, daß wir keine Einsätze mehr am Tag, nicht einmal in der Dämmerung fliegen konnten, zu vieles hätte koordiniert werden müssen, das sich noch dazu selbst in Bewegung befand, wir, die Geleitzüge im Mittelmeer, und selbst die Sonne in der äußerst kurzen Zeitspanne ihres Untergangs. Es blieb uns nur die Nacht, der nächtliche Angriff, die Dunkelheit verschonte uns vor den *Spitfires*, machte uns jedoch vom Mond und seinen Zyklen abhängig, und wie Indianer begannen wir in Kategorien wie abnehmender oder zunehmender Mond zu denken, bei Vollmond konnten wir die Oberfläche des Meeres sehen, und wenn wir im Gegenlicht des Mondes angriffen, erahnten wir die Umrisse der Schiffe. Aber trotz allem konnten wir oft nichts erkennen, eines Nachts in der Bucht von Philippeville warf ich am Ende eines Sturzflugs einen Blick auf den Höhenmesser, er zeigte zehn Meter unter dem Meeresspiegel an, ich zog am Steuerknüppel, so fest ich konnte, und schloß die Augen, der Höhenmesser war auf den Druck von Castelvetrano eingestellt, der sich von dem an der algerischen Küste unterschied, aber wie groß war dieser Unterschied in Metern, in Zentimetern, wie weit hatte ich mich der Wasseroberfläche genähert, ohne etwas von ihr zu sehen? Nachts lernten wir auch die verwirrende Wirkung der Leuchtspurgeschosse der Flak kennen, Lichtstrahlen, die sich gerade auf die Kanzelverglasung zubewegten, um dann im letzten Augenblick seitlich abzudrehen, das war ein neuer und beunruhigender optischer Effekt, immaterielle Schüsse, denen man instinktiv auszuweichen versuchte, indem man das Flugzeug wegkippen ließ, es hochriß oder in Sturzflug ging. Wir flogen mit ausgeschalteten Bordscheinwerfern, aus Angst, wir könnten mit den Tragflächen zusammenstoßen, aber plötzlich gingen am Boden oder über dem Meer Scheinwerfer an, das erstemal war es wie ein Kanonenschuß aus blendendem Licht, ich konnte weder die phosphoreszierenden Instrumente sehen, noch verstand ich, was los war, einige Augenblicke lang verlor ich die Kontrolle über das Flugzeug. Die *Settantanove* hatte an den breiten Seitenfenstern und der großen Frontverglasung Vorhänge, und wir nahmen die Gewohnheit an, mit zugezogenen Vorhängen zu fliegen. Bald änderten die *Spitfires* ihre Taktik und erwarteten uns über dem Flugplatz, wenn wir gerade von einem Einsatz zurückkehrten, wir kamen todmüde in der Dunkelheit an, womöglich mit einer beschädigten Maschine oder mit Verletzten an Bord, sie sahen den Lichtstreifen unserer Abgase oder die Leuchtrakete, die wir abschossen, damit sie am Boden die Pistenfeuer anmachten, in diesem Augenblick eröffneten sie das Feuer und zwangen uns zu schrecklichen Verfolgungsjagden, zu Tiefflügen über Felder und Hügel in stockdunkler Nacht.

Und in einer Nacht im Januar dreiundvierzig kam ich an die Reihe, meine Nummer wurde gezogen, es war eine mondlose Nacht, man konnte ja nicht nur kämpfen, wenn der Mond günstig stand; um acht Uhr abends starteten wir von Decimomannu und flogen in die Bucht von Bône in Algerien, in völliger Finsternis warfen wir einen Torpedo auf einen Dampfer ab, augenblicklich erstrahlte am Himmel ein Feuerwerk aus aufblitzenden Leuchtspurgeschossen und MG-Salven; außerhalb der Reede erwarteten uns wie immer die Jäger, die wir abschüttelten, indem wir im Tiefflug über das Meer davonjagten. Sie hatten uns ordentlich durchlöchert, ohne jedoch schwere Schäden zu verursachen, und wir steuerten, nach wie vor im Tiefflug, Richtung Sardinien. Plötzlich, nach einer Stunde Heimflug, brach in der Dunkelheit unter uns ein blendender Geysir aus Lichtstrahlen und Projektilen aus, wir waren über einen Geleitzug geflogen, ohne es zu bemerken, so dunkel war die Nacht. Wir wurden an mehreren Stellen getroffen, und als wir uns bereits in Sicherheit wähnten, fielen auf einen Schlag alle drei Motoren aus. In dieser Höhe war es so gut wie unmöglich, in der Luft zu bleiben oder in Ruhe nachzudenken, also sendeten wir einen unverschlüsselten SOS-Ruf, ich bereitete mich für meine x-te Wasserlandung vor, die erste allerdings, bei der ich überhaupt nichts erkennen konnte, weder den Horizont noch den Wasserspiegel. Ich fixierte die Instrumente auf der Armaturentafel, Höhenmesser und Geschwindigkeitsanzeige. Ich wartete. Wir stürzten mit zweihundert Stundenkilometern ins Wasser, ein Aufprall gegen eine zähflüssige Wand, wir wurden abrupt abgebremst und nach vorne geschleudert, und ich schlug mit der Hand und meiner Stirn gegen das Zielsuchgerät, auf dem sich jede Menge Schalter und Knöpfe befanden.

Als das Flugzeug wieder aus den Wellen auftauchte, hatte ich einen zerquetschten Daumen und blutete aus einem Auge. Ich fand mit der unverletzten Hand blind die Luke über dem Pilotensitz, öffnete sie und lehnte mich mit dem Oberkörper in den eiskalten Wind und in die Gischt, es war tatsächlich so, als ob man im nächtlichen Meer aus einem U-Boot kletterte, ich sprang auf eine Tragfläche, und ich glaubte, in die eiskalte Quelle der Finsternis einzutauchen. Jemand wasserte das Schlauchboot, und dort fanden wir alle uns wieder, verwundet, während die *Settantanove* mit der Schnauze nach unten und emporgerecktem Heck unterging. Starr vor Kälte trieben wir die ganze Nacht umher, die salzige Gischt brannte auf den Wunden, aber das hielt uns wenigstens wach; wir wußten weder, daß wir uns fünfzehn Meilen vor Capo Spartivento befanden, noch, daß der Signaltelegraph auf der Insel Sant' Antioco Zeuge unseres Absturzes und unseres Notrufs geworden war, aber das Schrecklichste erfuhren wir erst am nächsten Tag, als wir von einem Rettungsschiff aufgelesen wurden: wir waren in einer verminten Zone gelandet, und um uns herauszufischen, mußten sie das Gebiet erst säubern, um es dann anschließend neu zu verminen.

Als ich im Krankenhaus erwachte, war ich von oben bis unten bandagiert, mich hatte es von allen am schlimmsten erwischt, aber ich erholte mich schnell, ein paar Wochen später wurde mir der Verband abgenommen, und ich durfte aufstehen; es passierte jedoch immer wieder, daß ich beim Umdrehen auf dem Gang die Wand oder einen Türpfosten streifte, als ob ich das instinktive Augenmaß verloren hätte, das jeder von uns beim Gehen hat; ich erzählte es dem Arzt, und er verordnete mir sofort absolute Bettruhe, man gab mir eine merkwürdige Brille mit nur einem winzigen Loch zum Durchschauen, und nach einigen Wochen erklärte man mir, daß sich beim Aufprall gegen das Zielsuchgerät meine Netzhaut zusammengezogen und geschlossen habe, vielleicht würde sie sich infolge der Behandlung wieder öffnen, wer weiß. In San Remo, wo ich den Frühling verbrachte, war es wirklich schön, ein riesiges Erholungsheim für Verwundete aus allen möglichen Einheiten; am Abend spazierte ich am Strand entlang, ich wußte, daß ich nie wieder zur Gruppe zurückkehren würde, für mich war der Krieg zu Ende, wenn ich vom Ufer aus auf das Meer hinausschaute, hatte ich ein merkwürdiges Gefühl von Beständigkeit und Geborgenheit. Die Riviera di Ponente war herrlich, das Schicksal hatte es gut mit mir gemeint, trotzdem sehnte ich mich nach den anderen, ich wußte in jedem Augenblick des Tages, was sie gerade machten, ich konnte es mir ganz leicht vorstellen, auch am Abend bei meinen Spaziergängen, wenn ich den Mond betrachtete, der für mich jetzt nicht mehr nur eine lebensnotwendige Lichtquelle war, sondern das melancholische, metaphysische Requisit einer nächtlichen Landschaft.

Im August erhielt ich zwei Briefe, einen von Graziani

und einen von Faggioni. Graziani war vom Waffenstillstand überrascht worden, als er sich auf Urlaub in Rimini befand, zwei Tage lang hatte er sich mit den Deutschen herumgestritten und in Rom umsonst um Befehle ersucht, schließlich hatte er am Flughafen in Fano im MG-Feuer eines italienischen Artilleriekommandos eine *Settantanove* gekapert und war nach Catania geflogen. Während er das Flugzeug parkte, kam ihm ein Jeep mit einem breit grinsenden amerikanischen Soldaten entgegen, einem Unteroffizier, der perfekt Sizilianisch sprach, auf der Treppe drückte er der ganzen Besatzung kräftig die Hand und bot Zigaretten an, dann holte er eine Filmkamera aus dem Jeep und bat alle, noch einmal ins Flugzeug zu steigen und aufs neue herauszukommen, während er filmte. Graziani mußte die Szene mehrmals wiederholen, ein letztes Mal für den Flughafenkommandanten von Catania, einem Colonel der US Air Force. Die Amerikaner zeigten großes Interesse, als sie erfuhren, daß er Pilot eines Torpedoflugzeugs gewesen war, sie legten ihm einen Packen Fotos vor, die sie während der Torpedierungen von den Schiffen aus gemacht hatten; unter den Flugzeugen, die wie verrückt gewordene Katzen übers Wasser sprangen, erkannte Graziani auf mehreren Bildern sein eigenes, und erst bei dieser Gelegenheit erfuhr er, daß einige Schiffe tatsächlich versenkt worden waren. Dann bat ihn der Geheimdienst um genaue Angaben zum italienischen Luftverteidigungssystem, wovon er keine Ahnung hatte; aber die Amerikaner glaubten ihm nicht, sie gaben sich auch nicht mit der Tatsache zufrieden, daß er von einem Tag auf den anderen aus freien Stücken in den Süden übergelaufen war, sie vertrauten ihm jedoch das Kommando einer Staffel von

Settantanove an, deren Aufgabe es war, Post und Offiziere zwischen dem Kontinent und den Inseln hin- und herzutransportieren, und einige Monate lang wurde er von einem Carabiniere beschattet, der jeden Abend berichten mußte, wie er den Tag verbracht hatte.

Auch Faggioni war am Tag des Waffenstillstands auf Urlaub, und auch er machte sich mit einer *Settantanove* davon, am Flugplatz von Firenze Peretola, und mit dem Flugzeug nahm er auch den Bordmechaniker mit, den er gebeten hatte, es zu überprüfen, als er in Littoria, wo sich der Rest der Truppe befand, gelandet war. Schlimme Stunden, glauben Sie mir, ganz schlimme, fast unmöglich, Befehle zu erhalten, schwierig, sich ein Bild zu machen und Entscheidungen zu treffen, die Deutschen drängten auf die Flughäfen, am nächsten Morgen luden Faggioni und die anderen Männer Munition und Ersatzteile in dreizehn Flugzeuge und starteten damit nach Siena, wo sie den Flughafen Ampugnano anflogen, den einzigen noch freien Stützpunkt nach dem Fall von Pisa und Littoria. Dort, in Siena, wo großes Durcheinander herrschte und es kaum möglich war, eine Telefonverbindung herzustellen, erhielten sie zunächst den Befehl, den Luftfilter aus den Motoren zu entfernen, um die Maschinen fluguntauglich zu machen, ein Befehl, den sie nicht ausführten, anschließend, ihre Einheit nach Milis in Sardinien zu verlegen, einem Flugplatz, der jedoch angeblich bereits von den Deutschen besetzt war. Sie starteten im Morgengrauen, und kaum waren sie über dem Tyrrhenischen Meer, wurde es jedem hier am Himmel klar, wie er sich angesichts des Waffenstillstands zu verhalten hatte, ihre Entscheidungen wurden stillschweigend mit einer Kurve und einer Kursänderung kundgetan. Sie trennten sich über dem Meer, ohne es miteinander abzusprechen, eine *Settantanove* flog sofort Richtung Norden, vier andere nahmen Kurs auf Sizilien, nur eine landete in Sardinien in Milis auf der verminten Piste, und die Besatzung wurde sofort von den Deutschen gefangengenommen; als die anderen die Szene von oben beobachteten, drehten sie nach Süden ab. Faggioni, der in geringem Abstand mit einer Gruppe von vier Flugzeugen folgte, flog vorschriftsmäßig bis zu den Bocche di Bonifacio, dann wurde eines seiner Flugzeuge von einer Messerschmitt 109 angegriffen und zu einer Wasserlandung gezwungen, ein anderes wurde von zwei Focke-Wulf 190 ins Visier genommen und landete vor Capo Testa im Wasser; auf dem Flugfeld von Milis sah Faggioni schließlich einige abgestellte *Settantanove*, jedoch kein grünes Signal zum Zeichen der Landefreigabe. Da versuchte er, in Borore zu landen, wo am Boden zwei rote Signalraketen abgeschossen wurden, auf die sofort Geschützfeuer folgten. Er trat den Rückzug an und kehrte im Verband mit dem anderen Flugzeug nach Ampugnano zurück, was dem letzten Befehl entsprach, den er erhalten hatte; drei Tage lang lebten sie auf dem menschenleeren Flughafen wie auf einem verlassenen Vorposten, bis eines Morgens ein Zivilist auf dem Fahrrad daherkam, es war der Exkommandant des Fluggeländes, der gekommen war, um den Befehl zur Räumung zu geben. Sie wandten sich an das Bezirkskommando von Siena, um etwas in Erfahrung zu bringen, und erhielten alle einen Monat Urlaub. Der von Faggioni dauerte genau vier Tage, am fünften meldete er sich in der Flugschule der Regia Aeronautica am Flugplatz Cascine und ließ sich von einer Luftwaffeneinheit rekrutieren, die es damals noch gar nicht gab und die später die Luftwaffe der Repubblica Sociale Italiana werden sollte. Er starb am Ostermontag vierundvierzig um Mitternacht, als er im Licht des Aprilmondes die amerikanischen Schiffe vor Anzio torpedierte, er sagte immer, es ist hart, aber solange ich kann, mache ich weiter, er nannte die Frachtschiffe »Fettwänste«, vielleicht hatte er auch bei seinem letzten Angriff über Kopfhörer den Befehl gegeben: »Gebt es den Fettwänsten!«, ein merkwürdiger Kriegsschrei, für den wir ihn immer ein wenig aufzogen. Aus dem Meer von Anzio wurden seine Mütze gefischt und seine Tasche mit den Karten darin.

Anzio ist nicht weit von Neapel entfernt, fuhr der ältere Herr fort, nicht weit von Neapel liegt Ottaviano Vesuviano, und nicht weit von dort war Campo Vesuvio, ein von den Amerikanern eingerichteter Flughafen, wo in den Weinbergen rund um die Piste ein Bombergeschwader der Regia Aeronautica Italiana ihr Lager aufgeschlagen hatte. Graziani bildete seine Piloten auf der *Baltimore* aus, einer zweimotorigen Maschine, die von den Alliierten zur Verfügung gestellt worden war, er verbrachte die Tage am Doppelsteuer mit seinen Flugschülern, und als er eines Nachmittags im Juli gerade am Flugfeld unterrichtete, sah er eine für den Personenverkehr bestimmte *Settantanove* landen, nichts Außergewöhnliches, denn mit dem Flugzeug flogen oft auch ranghohe Offiziere, aber der Lotse im Tower bat ihn zurückzukommen. Als er zur Parkposition rollte, kam er an dem eben gelandeten Flugzeug vorbei, aus der Gruppe hoher Offiziere, die um die Treppe herumstanden, trat einer in einer funkelnagelneuen Uniform vor und ging ihm entgegen. Wissen Sie, wer es war? fragte der ältere Herr; nein, das wissen Sie nicht, und Sie können es sich auch nicht vorstellen, niemand konnte es sich vorstellen, nicht einmal Graziani, bis er ihm gegenüberstand. Es war Buscaglia. Carlo Emanuele Buscaglia in Fleisch und Blut. Auferstanden. Graziani sah ihn wortlos an, sie umarmten sich, und mit Tränen in den Augen sagte Buscaglia zu ihm, du stehst noch immer deinen Mann. Das letztemal hatten sie sich umarmt, als sie nach Bougie aufgebrochen waren, an jenem Morgen, als sie sich wegen der Lichtverhältnisse gestritten hatten, vor eineinhalb Jahren auf dem Flugfeld von Castelvetrano in Sizilien. Jetzt mußte Buscaglia sofort nach Lecce weiterfliegen, ein Minister rief ihn vom Flugzeug aus, aber in einem Monat wollte er zurückkehren, um das Kommando über eine Bomberstaffel zu übernehmen, dann würde er ihm alles erzählen, und einen Monat später kam er tatsächlich, ließ sich auf die *Baltimore* umschulen, und in einer Nacht im August, am Fuße des Vesuvs, vor den Zelten, in denen sie untergebracht waren, erzählte er Graziani seine Geschichte. Die Amerikaner hatten ihn aus der Bucht von Bougie gefischt, herausgefischt und zusammengeflickt und dann in ein Gefangenenlager nach Texas geschickt. Vom Abschuß selbst war ihm der langsame Todeskampf des Bordfotografen noch in Erinnerung, des einzigen, der außer ihm in diesem Meer aus brennendem Treibstoff noch am Leben war; mit ersterbender Stimme hatte er ihm vorgeworfen, ein zu großes Risiko eingegangen zu sein, und bei dieser Erinnerung brach er in Tränen aus. Aber die Erzählung reichte weiter zurück, bis zu jenem Zeitpunkt, als er, noch vor Castelvetrano, die Anweisung gegeben hatte, sein Flugzeug Tag und Nacht von einem Carabiniere überwachen zu lassen, ein Befehl, der damals allen unverständlich erschienen war und den er, wie er jetzt erklärte, aufgrund einer vertraulichen Mitteilung des Bischofs von Catania gegeben hatte, weil dieser ihm nahelegte, sämtliche Flugzeuge und vor allem sein eigenes überwachen zu lassen, da ihm etwas von einer eventuellen Sabotage in der Truppe zu Ohren gekommen sei. Und tatsächlich, sagte Buscaglia, mußte jemand Zugang gehabt haben, denn als in Bougie die *Spitfires* angriffen, hatten die Maschinengewehre seiner *Settantanove* aufgrund fehlerhafter Patronen bereits bei den ersten Schüssen Ladehemmung. Die Bestätigung einer Sabotage erhielt er bei seiner Rückkehr nach Italien, viele politische und militärische Würdenträger hatten ihn zu einem Gespräch vorgeladen, sogar Palmiro Togliatti wollte ihn im Parteibüro der Kommunisten in Neapel treffen. Es gab Lob von seiten Togliattis, weil er sich für die Legitimisten entschieden hatte, gleichzeitig aber auch Vorwürfe, da er vor zwei Jahren den Sieg bejubelte, als der faschistische Verbandsführer von Catania der Gruppe einen offiziellen Besuch abgestattet hatte. Togliatti hatte Buscaglia bestätigt, daß bereits damals das Personal der Torpedoflugzeuge von einer Zelle der Kommunistischen Partei unterwandert worden war, und sie machte Buscaglia sofort für die Sabotage an den Patronengurten seiner MGs verantwortlich, er war überrascht, daß Kirche und Kommunisten hier die einzigen waren, die über solche ernsthaften Dinge Bescheid wußten, war jedoch überzeugt, daß er nicht im Meer gelandet wäre, wenn die MGs funktioniert hätten. In ähnlicher Weise war die mächtige kommunistische Zelle im Torpedowerk Maiano in Neapel für das Versagen der Torpedos verantwortlich, die in letzter Zeit nicht mehr explodiert waren, was diejenigen, die sie abwarfen, genauso überraschte wie die, die davon getroffen wurden. Die schwüle Nacht am Fuße des Vesuvs schritt voran, Buscaglia erzählte Graziani von der Gefangenschaft in Amerika, wie er bei seinem Eintreffen von den Gefangenen voller Ehrfurcht und Respekt empfangen worden war und wie er bei seiner Entlassung von allen verachtet wurde, weil er beschlossen hatte, sich auf die Seite Badoglios zu stellen. Es war jedoch die richtige Entscheidung gewesen, sagte er, die, die seiner Soldatenpflicht entsprach, sie gestattete ihm aufs neue, sich dem im Wiederaufbau begriffenen Land zur Verfügung zu stellen, deshalb hatte er um das Kommando einer Truppe gebeten und es auch erhalten. Es war eine lange und heiße Nacht am Fuße des Vesuvs, eine Nacht, in der der Mond in Dunstwolken gehüllt war, Buscaglia blickte sowohl in die Vergangenheit als auch in die Zukunft, langsam ging er von dem, was war, zur Gegenwart über und von der Gegenwart zu dem, was kam, er würde seine Einweisung auf der *Baltimore* so bald wie möglich beenden, er würde wieder aktiv werden, seine Pläne reichten weit über die Befreiung der Heimat hinaus, sobald der Krieg in Europa gewonnen war, wollte er mit einem eigenen Geschwader den Alliierten beitreten, er wollte in den Pazifik, die *Baltimore* vom Bomber auf ein Torpedoflugzeug umrüsten und den alten Kampfstil wiederaufnehmen, mit den japanischen Schiffen als endgültigem Ziel.

In den darauffolgenden Tagen, nachdem ihn Graziani auf einen Probeflug mitgenommen und bemerkt hatte, wie sehr er in zwei Jahren der Inaktivität eingerostet war, befolgte er dessen Rat, sich erst am Boden, auf der Piste, mit der *Baltimore* vertraut zu machen, da sich die amerikanische Maschine in der Handhabung nicht unwesentlich von den italienischen unterschied, und Buscaglia tat es mit großer Hingabe und Respekt. Dann, eines Abends, als man bereits alle Aktivitäten auf der Start- und Landebahn eingestellt hatte und das Personal schon beim Abendessen saß, obwohl es noch hell war, meldete sich ein Oberleutnant in der Offiziersmesse und sagte zum Flugplatzkommandanten, Major Buscaglia lade ihn ein, bei seinem Start dabeizusein. Da für gewöhnlich jeder Pilot vor seinem ersten Alleinflug eine entsprechende Anzahl von Flügen am Doppelsteuer absolvierte, um die sich Graziani kümmerte, wandte sich der Kommandant des Flugplatzes an den Kommandanten der Truppe, dieser wiederum an Graziani, der, ohne zu zögern, antwortete, der Major solle lieber noch trainieren. Der Oberleutnant erhielt den Befehl, dies weiterzugeben, und ging hinaus. In der Ferne hörte man das Aufheulen von Motoren, die probeweise angelassen wurden, aber niemand achtete darauf, die Mechaniker machten oft Überstunden, vor allem an den Abenden im August, wenn es länger hell war. Es war das typische Geräusch von Motoren, die auf Hochtouren laufen. Dann eine plötzliche und schreckliche Stille. Graziani stürzte aus der Messe, die anderen hinterher, die Mechaniker waren bereits vor ihnen durch die Weinberge zu der schwarzen Wolke am Ende der Startbahn gelaufen. Der Oberleutnant berichtete, er habe Buscaglia den Befehl überbracht, er sei aber bereits bei laufenden Motoren in der *Baltimore* gesessen, da sei er, der Oberleutnant, auf die Tragfläche geklettert und habe ihn beschworen, nicht zu fliegen; Buscaglia habe ein paar Augenblicke nachgedacht, dann habe er geantwortet, schließen Sie die Luke, ich probiere es, ich starte. Er war bis zum Anfang der Startbahn gerollt, hatte Vollgas gegeben, war dreihundert Meter bei voller Leistung gerollt, bis sich die Räder vom Boden lösten, dann war das Flugzeug, das halb abgehoben hatte, mit der Schnauze nach unten gekippt und auf eine Tragfläche gestürzt, und als sie brach, fing das Benzin Feuer. Buscaglia hatte noch die Kraft, sich aus der Pilotenkanzel zu befreien, sogar aus den Flammen, die um ihn herum aufloderten, konnte er sich befreien. Dann brach er ohnmächtig zusammen. Der Militärarzt in der Krankenstation teilte Graziani mit, daß die Situation ausweglos war; als er später sein Zimmer betreten durfte, sah ihn Buscaglia durch den Verband hindurch an und wurde von Rührung übermannt, er weinte und betete, er flehte ihn an, er solle ihn wieder gesund werden lassen. Er wurde ins englische Krankenhaus von Neapel verlegt, in der Nacht verschlechterte sich sein Zustand, und im Morgengrauen starb er.

Der ältere Herr schwieg, er strich mit der Hand über das Tischchen, und durch die Bewegung funkelte seine schöne Krawattennadel im Licht des Mondes. Weder er noch ich hätten sagen können, wie sich das Licht verändert hatte, der Abend hatte sich auf leisen Sohlen über die Piste gesenkt, nur der Horizont und unsere Gesichter waren allmählich dunkler geworden. Wahrscheinlich habe ich Sie gelangweilt mit dem ganzen Gerede, sagte der ältere Herr, ich antwortete, Sie wissen, daß es nicht so ist. Sehen Sie, fügte er hinzu, ich fliege noch immer, ich werde so lange fliegen, bis der Arzt es mir verbietet, und ich bin über Siebzig, ich fliege dieselben Flugzeuge wie Sie, aber diese dreimotorige Riesenmaschine mit den Geschütztürmen, die gefleckt war wie ein Leopard, werde ich nicht vergessen. Seltsam, es muß ein typisches Gefühl unseres Jahrhunderts sein, ich bezweifle, daß es das schon früher gegeben hat; in diesem Rumpf aus Metall und Stoffbespannung habe ich die Angst kennengelernt, ich habe körperlich gelitten, ich habe Menschen sterben sehen, die ich mochte, es war meine Jugend, Monate, die so lang dauerten wie Jahre, Jahre, die so lang dauerten wie Jahrzehnte, alles war so intensiv, so unwirklich. Ich fliege noch immer, und wenn ein Wolkendach über den Himmel gespannt ist, durchstoße ich es und fliege darüber hinweg, oberhalb der Wolken findet sich eine andere Welt, es ist, als wäre man auf dem Dachboden und bewachte das Haus; der Himmel über den Wolken ist ein magnetischer Speicher, alles hat hier seinen Abdruck hinterlassen, wie auf den Silbersalzen einer Fotografie, im übrigen wäre es sinnlos, wenn alles, was einmal gewesen war, für immer verloren wäre, finden Sie nicht auch? Ich glaube nicht, daß ich dort oben, über den Wolken, im Hauptquartier von dem, was zumindest einmal vorgefallen ist, nicht einen Schatten sehen würde, der sich mir nähert und neben mir herfliegt, einen bauchigen, geschäftigen Schatten, einen Schatten, der eine Aufgabe zu erfüllen hat, und diese Aufgabe ist der Eisenzylinder, der unten hervorlugt; man kann erkennen, daß alle in diesem Flugzeug zu tun haben, man erkennt es an dem MG-Schützen im Turm, der mit dem Rücken zum Bug steht und das Heck überwacht, und man erkennt es an den zugezogenen Vorhängen in der Pilotenkanzel. Ich würde Funkverbindung aufnehmen und sie rufen, ich würde sie mit dem Kennzeichen rufen, das auf ihrem Rumpf steht, aber sie würden nicht antworten, vielleicht, weil auf Einsätzen Funkstille zu herrschen hat, vielleicht auch deshalb, weil ich von meinem Einsatz bereits zurückgekehrt bin, während der ihre noch andauert, schau nur, wie aufmerksam und besorgt und konzentriert sie sind; ich würde mich mit ihnen zum engen Verband zusammenschließen, ich würde sogar glauben, daß sie extra ihre Geschwindigkeit gedrosselt haben, um es mir zu ermöglichen, ich würde dem MG-Schützen zunicken, aber er würde sich, starr vor Angst, nicht umdrehen, möglich, daß er mich nicht sieht, ich würde Funkverbindung aufnehmen und sie aufs neue rufen, ich würde sie beim Namen rufen, und da ich wegen der Vorhänge nicht erkennen kann, wer am Steuer sitzt, würde ich sie bei jedem einzelnen Namen rufen, auf den sie antworten könnten, Namen, an die ich mich alle erinnere, und allmählich würde mein stummer Lautsprecher ein Zischen von sich geben, ein paar Silben, vielleicht ein Wort, ja, aber so fern, so leise, daß man es nicht versteht, ich würde mich aber bereits über die geglückte Verbindung freuen und würde aufgeregt ins Mikrofon schreien: *Wiederholt, wiederholt!*, und wissen Sie, was mein Funkgerät da empfangen würde, wissen Sie, lieber Freund, was mein Bordfunkgerät von sich geben würde? Einen Swing, einen alten italienischen Swing, ich würde die Stimme wiedererkennen, den kenne ich, würde ich sagen, natürlich kenne ich ihn, es ist der Sänger Di Palma, hören Sie ihn nicht ...? hören Sie nicht, wie er singt ...?

... Ho un appuntamento con la luna,
alle nove fuori di città,
lei che non è donna per fortuna,
sono certo che non mancherà.
Questa sera non si va al teatro o al cinemà,
od al solito caffè, e tu cicca cicca resti a casa
e sai perché?

Ho un appuntamento con la luna, fuori città …
ba' ba', bidí, bidauo …
*ba' ba, bidí, bida'.**

* … Ich hab ein Rendezvous mit dem Mond,
um neun außerhalb der Stadt,
und weil er keine Frau ist,
bin ich sicher, daß er kommt.
Heute abend geh ich nicht ins Theater oder ins Kino
oder wie üblich ins Café, und du, mein Dummchen, bleibst zu Hause,
und weißt du, warum?
Ich hab ein Rendezvous mit dem Mond, außerhalb der Stadt …
baba, bidi, bidau …
baba, bidi, bida …

Bis zum Taupunkt

Eines Morgens verlorst du beim Fliegen die Orientierung, so wie man im Leben manchmal die Orientierung verliert, ohne zu bemerken, daß man sich verirrt hat, während man allmählich nicht mehr zu sich findet; zuerst war die Landschaft eine andere als die, die du erwartet hattest, dann kam der Fluß, der hätte kommen sollen, nicht, schließlich verdichtete sich der Schönwetterdunst über der Poebene zu einer kompakten, festeren und undurchdringlichen Masse, in einer Minute bin ich ohnehin wieder draußen, dachtest du, es verging eine Minute und noch eine, die Fenster des Flugzeugs beschlugen sich rundherum und wurden weiß, und dir wurde klar, daß du diesem warmen Nebel, der untertags hereingebrochen war, nicht mehr entkommen würdest. Man verirrt sich jedoch nicht von einem Augenblick zum anderen, man verirrt sich allmählich, eigentlich hattest du dich schon vorher verirrt, beim letzten Meldepunkt, als du die Flugsicherung gerufen und bestätigt hattest, dort zu sein, wo du laut Flugplan hättest sein sollen: reiner Nominalismus, absolute Vorherrschaft des Programms über jegliche Realität, denn du warst alles andere als dort. In jenem Augenblick hattest du deine Höhe verlassen, du hattest dich an eine Eisenbahnlinie gehängt, und als das Gleis in einem Dörfchen zu Ende war, warst du tief über den Bahnhof geflogen, um den Namen zu lesen, aber der Name war, auf die Schnelle, nicht sehr hilfreich, wo immer du auch warst, du warst vom Kurs abgekommen, und als du wieder in den Dunst aufstiegst, verlorst du noch mehr die

Orientierung, bis du dich dort wiederfandest, wo du jetzt bist, also an einem Punkt, von dem du nicht weißt, wo er liegt. Die letzte sichere Position war *Abeam Boa* gewesen, ein Navigationspunkt auf der Karte, ungefähr ein Dutzend Meilen östlich von Bologna, auf der Senkrechten über ein paar kleinen Siedlungen, deren Häuschen alle gleich aussahen, es hätte Budrio oder Medicina oder San Lazzaro di Savena sein können, die Namen der Dörfer stehen nicht auf den Dächern, niemand hat Rodschenko seinen Wunsch erfüllt, Dächer so aussehen zu lassen wie zum Himmel gewandte Fassaden, damit die Häuser den Flugzeugen einen schöneren Anblick böten als den eintöniger Ziegel; das war in den dreißiger Jahren gewesen, das Projekt, Dächer in Fassaden zu verwandeln, war bislang nicht realisiert worden, die Dächer sehen alle gleich aus, genauso gleich wie die Dörfer, die keine Namen auf den Dächern trugen, und so hast du dich verirrt und die Flugsicherung belogen, was den Meldepunkt anbelangt.

Die Angst besteht aus dem Eintrocknen von Flüssigkeiten, du warfst einen Blick auf den Höhenmesser, du nahmst die Karte zur Hand und versuchtest mit bloßem Auge die braunen Stellen zu entdecken, vom Hellgelb bis zum Dunkelbraun, wo die Erhebungen immer dichter werden; wenn du dich nordöstlich des Kurses befandest, gab es den Monte Venda, wenn du dich mehr Richtung Norden verirrt hattest, gab es die Monti Lessini und die Voralpen, aber wenn ein Felsen aus dem Weiß vor der Cockpitverglasung aufgetaucht wäre, hättest du ihn nicht einmal rechtzeitig gesehen. Es war das erste Mal, daß du dich mit dem Flugzeug verirrtest, noch bevor du zum Instrumentenflug berechtigt warst; das Ereignis wurde mit einem Satz begrüßt, den der Geist automatisch hervorbrachte, mit dem Satz »Ich will nicht sterben«, ein so schlichter Satz, daß deine Stimme ihn laut wiederholte, als wäre sie die Stimme eines anderen, der dir vorwarf, ihn in eine solche Situation gebracht zu haben. Wenn ich nicht sterben will, muß ich steigen, dachtest du im gleichen Augenblick, es hat keinen Sinn, blindlings weiterzufliegen, ich gehe in den Steigflug, wenn ich den Mittelpunkt meiner Drehbewegung perfekt beibehalte, wenn ich beim ersten oder zweiten Vollkreis nicht gegen ein Hindernis stoße, bin ich in Sicherheit. Du lasest von der Karte die Höhe der Berge ab, in deren Nähe du dich am ehesten zu befinden glaubtest, zur Sicherheit fügtest du tausend Fuß hinzu und begannst, auf fünftausend zu steigen; inmitten eines undurchdringlichen Firmaments, eines endlosen Raums, hast du dich in einen sicheren Zylinder eingeschlossen, der dadurch entstand, daß du im Kreis flogst, und dich langsam im zähen Nebel nach oben geschraubt. Die Luft rundherum war erfüllt von unsichtbaren Bedrohungen, bei jeder vollen Umdrehung reduziertest du deinen Radius, um das Risiko zu vermindern, so hofftest du zumindest, und jede Umdrehung schien von neuem kein Ende zu nehmen. Der Nebel ist eine unfruchtbare Wolke, sagte Aristoteles, mißtraut seiner verhüllenden, durchdringenden Natur, sein Wasser ist nur Feuchtigkeit, nicht die Fülle des Regens, der die Felder befruchtet und die Flußläufe anschwellen läßt, der Nebel ist ein Mobiliar, er macht sich breit auf den Feldern, im Raum zwischen Himmel und Erde, er ist steril und begünstigt Verbrechen. Ahnungslos und ihnen gegenüber gleichgültig. Dennoch begeht er Verbrechen.

Das kam dir in den Sinn, während du die Instrumente

im Auge behieltest, Anzeige der Steiggeschwindigkeit, fünfhundert Fuß steigen, sechzig Knoten bei starkem Steigen; Wendezeiger und Querneigungsanzeige mit der Kugel in der Mitte und dem schräg daliegenden Symbol eines Flugzeugs, eine vollständige Drehung in zwei Minuten; wenn du aber nicht fliegst, magst du den Nebel, senkt er sich über die Stadt, spürst du es bereits im voraus am Geruch und an der veränderten Beschaffenheit der Geräusche, du fühlst dich unweigerlich angezogen von ihm und von der Nacht, wie ein Hund von seinem Herrn, ein Pfiff genügt. Einmal davon abgesehen, was wußtest du vom Nebel, Pilot?, daß er aufgrund eines Zufalls entsteht, wenn die Lufttemperatur mit dem Taupunkt zusammenfällt, und du hattest dich sehr wohl davor gehütet, dich vor dem Start bei der Wetterwarte nach der Temperatur zu erkundigen. Das hättest du jetzt tun können, jetzt hättest du bei der Flugsicherung nachfragen können, ob sie etwas von diesem Nebel wußten, über seine Verbreitung und bis in welche Höhe er reichte, aber dann hättest du auch einige Fragen klären müssen, also verschobst du es auf später. Im Grunde war der Lotse nicht mehr als eine Stimme, die du im Nebel empfingst, eine unsichtbare Stimme, die vom Boden aus zu dir spricht, oben und unten wurden vertauscht, wir armen Sterblichen haben uns im Himmel verirrt, und der Unsterbliche sitzt seelenruhig am Boden, ein Auge, das dir im Dunkeln am Radarschirm folgt; Auge um Auge, Flugsicherung um Flugsicherung, nichts zu sehen hier, flüstertest du nervös, so schützte sich der Geist vor der Angst, indem er Banalitäten von sich gab, nicht anders als bei der »Licht-Vision«, dem sanften weißen, alles überflutenden Licht, das jenen, die tot waren und ins Leben zurückgekehrt sind, im letzten Augenblick erschien, ein letztes Schmerzmittel, das der Geist dir gewährt, während er erlischt und sich verabschiedet.

Der Nebel hinter den Scheiben schien Formen anzunehmen, sich zu dichten, flüchtigen Rauchfäden zusammenzuballen; es dauerte eine Weile, bis du bemerkt hattest, daß es keine Felsen oder Bäume waren, auch keine festen Körper, gegen die du in den nächsten Augenblicken unweigerlich stoßen würdest, sondern lediglich Bewegungen und leere Gebilde der feuchten Masse; du beugtest dich übers Armaturenbrett, du warfst umsonst einen Blick nach oben, in der Hoffnung, das zähe Weiß würde sich im Schein der Sonne auflösen, aber je höher du stiegst, desto dunkler, bedrohlicher und grauer wurde die undurchdringliche Masse, das Flugzeug begann jetzt vermehrt zu schieben und zu rollen, es erhielt unerwartete Schläge von unten und wurde von oben angesaugt, es gierte; deshalb wurde es seitlich versetzt, aber ohne wie bei einer Kurve Querneigung anzunehmen, es rotierte flach um einen imaginären senkrechten Stift, der es von oben durchbohrte wie eine Fahnenstange; jetzt stiegst du sofort ins Ruder, sobald du hörtest, daß das Geräusch des Propellers, der sich mit veränderter Geschwindigkeit durch die Luft schraubte, satter und dunkler wurde, stiegst du sofort ins Ruder, um wieder sauber zu fliegen. Wußtest du, wo du warst? Nicht mehr im Nebel, gewiß, aber auch nicht am offenen Himmel; du warst aus dem Nebel direkt in die Wolken hineingeflogen, ohne auch nur eine Spur blauen Himmels zu sehen, du befandest dich in einer Wolke, einem Kumulus, wie aus dem Graublau, das aussah wie ein einziger blauer Fleck, und aus den Turbulenzen, die das Flugzeug durchschüttelten, zu schließen war. Was wußtest du damals vom *Kumulonimbus*, Pilot?, daß es in seinem Inneren alles mögliche gibt, extreme Auf- und Fallwinde, Hagel und Regen, Eis, das sich unter Umständen von einem Augenblick zum anderen bildet; daß auch Wolken dieser Art entstehen, wenn sich die Luft bis zum Taupunkt abkühlt, und es war wirklich kaum zu glauben, daß der Tau als Bezugspunkt in der Thermik so wichtig war, daß der morgendliche Tau mit Phänomenen zu tun hatte, die so viel beängstigender und bedrohlicher waren als er selbst, der stets Trost, Erleichterung, Beruhigung bedeutete. Im Sommer hattest du bereits Gelegenheit gehabt, ein paar Gewitter, die du rechtzeitig erkanntest, zu umfliegen, du entdecktest sie aus einer Meile Entfernung, mit Regen angefüllte Zylinder zwischen Himmel und Erde, feucht und undurchdringlich wie eine Qualle, die manchmal so deutlich abgegrenzt waren, daß man sie nur im Westen zu umfliegen brauchte, da sich in unseren Breiten für gewöhnlich alles von Westen nach Osten bewegt. Aber diesmal warst du in eine Wolke geraten, ohne zu wissen, von welcher Seite, und du konntest dir auch nicht vorstellen, wo dieser Himmel sein Ende nahm.

Das Flugzeug bekam Stöße von unten, wurde hochgehoben, um gleich darauf wie in die Talsohle einer Welle zu sinken, die jedoch so tief war, daß es den Anschein hatte, als würde sie bis zum Meeresboden reichen, während das Flugzeug hart gegen die wieder aufsteigenden laminaren Luftschichten prallte. Du spürtest, wie es sich wand und krümmte, und nahmst instinktiv Fahrt zurück, vom Kurs warst du ohnehin abgekommen, es konnte nicht anders sein nach dem Steigflug und der Turbulenz; du durftest das Gespräch mit der Flugsicherung nicht länger aufschieben. Die Hand auf dem Mikrofon, den Blick starr auf die schwarze Masse des Himmels geheftet, überlegtest du dir eine Formulierung; in Wirklichkeit war sie bereits fix und fertig, ein erhabener, schlichter Satz, der sich dir eingeprägt hatte: Treviso Ground Control, ich will nicht sterben. Ich wiederhole, ich will nicht sterben. In der Fliegersprache gibt es jedoch keine Ausdrücke für Wünsche, nicht einmal für lebensnotwendige, sondern lediglich Positionsangaben und Richtungen, und das konnte für dich eigentlich nur von Vorteil sein, denn deine Angst, daß du dich in den Wolken verirrt hattest, war inzwischen fast genauso groß wie das Unbehagen, es bei der Flugsicherung eingestehen zu müssen. Um dich wiederzufinden oder um wiedergefunden zu werden, brauchtest du nur zuzugeben, wie erbärmlich deine augenblickliche Lage war, ohne noch mehr Zeit mit der Suche nach der fliegerisch korrekten und am wenigsten demütigenden Formel zu verlieren. Ruf die Flugsicherung, ruf sie sofort, deine Lage wird kritisch, und du merkst es nicht einmal, du willst nicht klein beigeben, du willst tatsächlich nicht zugeben, daß du dich verirrt hast, du legst dir noch immer Worte zurecht und spürst nicht, daß das Flugzeug bereits Seitenlage hat, bis du endlich doch Funkverbindung aufnimmst und in einem möglichst unpersönlichen und gelassenen Ton sagst: »Treviso Ground Control, India Echo November ist nicht mehr in Victor Mike Charlie. Erbitte Quebec Delta Mike.«

Es ist dir tatsächlich gelungen, dich hinter den Worten zu verstecken, Treviso Ground Control ist die Flugsicherung, die du rufst, ein militärischer Radardienst übrigens, India Echo November ist der abgekürzte Name dieses armen Flugzeugs, das am Himmel verlorengegangen ist, Victor Mike Charlie, VMC, sind die Initialen von *Visual Meteorological Conditions*, du befindest dich also nicht mehr in Sichtwetterbedingungen, man könnte glauben, nicht du wärst in den Nebel und in die Wolken hineingeflogen, sondern, im Gegenteil, der Himmel, der Kosmos rund um dich herum hätte seinen Zustand verändert, es gibt keine Sicht mehr, eine günstige Bedingung ist plötzlich weggefallen, so wie in einem Haus mit einemmal das Licht ausgeht. (Wenn es nicht ums Fliegen ginge und außerhalb der augenblicklichen Situation, im Reich von *allem anderen*, hättest du einen derartigen Wortgebrauch verabscheut, das war die Art und Weise, in der man sich hinter der »Objektivität« versteckte und etwas »sagbar« machte, seit Jahren nahmst du wahr, daß so gesprochen wurde, daß Worte verwendet wurden wie harter Stein; mit Hilfe der Objektivität, also mit Hilfe von Auslassungen, gelang es den Worten, allen möglichen Dingen eine Glaubwürdigkeit zu verleihen, die diese nicht besaßen, und sie so schließlich in ihr Gegenteil zu verwandeln.) Das Quebec Delta Mike, das du angefordert hast, QDM, ist ein altes Wort des alten Q-Codes, eines Codes, den noch Faggioni und Buscaglia verwendet hatten, nichts auf der Welt ist konservativer als Luftwaffe und Marine, QDM, ein altes Codewort, das von allen Piloten am meisten geschätzt wird, ein Wort, das einen nach Hause bringt, unübersetzbar, weil es keine Abkürzung ist, sondern aus drei Buchstaben besteht, die die folgende, lebensrettende Frage verschlüsseln und besiegeln: Könnt ihr mir zeigen, welchen Kurs ich nehmen muß, wenn ich mein Ziel erreichen will?, *destino* heißt es auf spanisch, in der einzigen Sprache, in der das geographische Ziel mit dem Schicksal übereinstimmt.

»India Echo November. Position?« antwortete die Stimme auf der anderen Seite, die neapolitanische, militärische und gleichgültig klingende Stiinme des Lotsen, wer weiß von wo.

Da siehst du, wie er dich festgenagelt hat. Was sagst du ihm jetzt? Wo du bist? Wieder versuchtest du, Zeit zu gewinnen, das Flugzeug hüpfte hierhin und dorthin, der Himmel war stockdunkel, die Stimme wiederholte, ein wenig besorgt: »India Echo November. Wie versteht ihr mich?«

»Positiv ... Vier bis fünf ... India Echo November hat *Abeam* verlassen ...« Das stimmte, du hattest *Abeam* verlassen, aber wann, in welchem Zeitraum und in welche Richtung? Außerdem solltest du die neue Höhe angeben. »... Fünftausend erreicht.«

»Was heißt, fünftausend?« antwortete der neapolitanische Lotse, auf einmal hellwach. »Ihr seid auf fünftausend? Ihr hättet uns sagen müssen, daß ihr auf fünftausend steigt. Ihr hättet uns melden müssen, daß ihr die Höhe wechselt ... Habt ihr Transponder?«

»Wir haben Transponder.« Gewiß hattest du einen automatischen Signalgeber, aber die Pluralform war so lächerlich in dieser großen Einsamkeit, so verlogen und umständlich, habt ihr?, wir haben, als ob es eine vollständige Besatzung gäbe, einen Copiloten, der den vierstelligen Code eingab, sobald er dir durchgegeben wurde, einen Bordmechaniker, der sich um die Tragflächen kümmerte, einen Navigator, der darauf achtete, daß der Kurs eingehalten wurde, einen Funker, der die Verbindung mit der Welt aufrechthielt.

»Squawk ident 6467«, ordnete die Flugsicherung an.

»Ident 6467.«

Du gibst die vier Ziffern ein, beobachtest das aufleuchtende Lämpchen, der Beweis, daß der Radar den metallischen Körper am Himmel, in den du eingeschlossen bist und der nur für ihn wahrnehmbar ist, abtastet, daß der Transponder antwortet, daß auf dem Radarschirm am Boden der unbestimmte Punkt, der deinem Flugzeug entspricht, mit der Zahl 6467 ausgestattet wird und aufleuchtet: du bist nicht länger ungekennzeichnet, man hat dich ausgemacht und erkannt, jetzt bist du einzigartig und erkennbar.

»Entschuldigt die Höhe«, sagst du in perfektem Plural, »wir sind nicht mehr in Victor Mike Charlie. Erbitten QDM für das VOR von Chioggia«, und während du das sagst, denkst du, es ist in jedem Fall besser, zuerst zu steigen und sich in Sicherheit zu bringen, und sich dann erst über Funk zu melden.

»QDM eins null drei«, gewährt Neapel, professionell.

Hundertdrei. Du begannst eine Kurve um hundertdrei Grad zu fliegen, Richtung Südosten, eine Kurve in den Wolken, bei der das Flugzeug immer wieder Stöße abbekam, der Lotse sah, wo du warst und wo das VOR war, aufeinander bezogene Positionen, unausweichliche Positionen wie bei dem klassischen Beispiel vom freien Willen, zwei Personen gehen, ohne es zu wissen, auf dieselbe Straßenecke zu, jemand sieht vom Fenster aus, wie sie sich nähern, und ahnt den Zusammenstoß, kann ihn jedoch nicht verhindern, das Schicksal ist eine Prophezeiung, in die man nicht eingreifen kann. In diesem Augenblick deines Lebens drehte sich dein Schicksal um hundertdrei Grad, und während du per Funk bestätigtest, stelltest du inmitten des Krachs das Flugzeugsymbol auf dem Ring des Kreiselkompasses auf diese Zahl ein.

Erst jetzt, als du einen Blick auf den künstlichen Horizont warfst, stelltest du fest, daß das Flugzeug steuerbords starke Seitenlage hatte, sich fast im Rückenflug befand. Du klopftest mit dem Finger auf das Instrument, es war wohl kaputt, du hattest das Gefühl, sauber zu fliegen, nachdem du die Kurve ausgeleitet hattest; du suchtest eine Bestätigung hinter der Verglasung, aber draußen war alles finster und grau, nichts, was dir als Anhaltspunkt hätte dienen können; als du wieder auf die Instrumente sahst, zeigte das Variometer sehr hohe Steigwerte an, während gleichzeitig die Geschwindigkeit abnahm. Du hattest keine Ahnung, was mit dem Flugzeug los war, du hattest den Eindruck, völlig sauber zu fliegen, war es möglich, daß plötzlich das ganze Armaturenbrett kaputt war? Du dachtest an den äußeren Lufteinlaß der Instrumente, war er vereist, als du in die Wolke hineingeflogen warst? Aber du konntest dich nicht mehr daran erinnern, auf welche Weise die einzelnen Instrumente anzeigten, ob sie die Luft bekamen, die sie brauchten, um richtig anzuzeigen. Ein Pilot, der sich in einer Notlage befindet, leistet nur fünf Prozent dessen, was er kann, sagte Bruno, stell ihn dir in dieser Situation vor, wenn er noch wenig kann; aus diesem Grund nahmst du nachts vor dem Einschlafen immer die Übungsbücher für die Flugscheinprüfung zur Hand, und jetzt, inmitten einer Wolke, fiel dir das Phänomen der Halluzinationen ein, das du von diesen Lesestunden an der Grenze zu Ichverlust und Schlaf kanntest. Sie betrafen die räumliche Wahrnehmung und wurden durch die Flüssigkeiten in den Kanälen des

Ohrlabyrinths verursacht, die bei jeder Bewegung hin- und herfließen und dabei Sinneshärchen an den Innenwänden reizen, was bedeutet, daß wir Signale an uns selbst senden, unsere eigene Position betreffend. Die Instrumente des Armaturenbretts befinden sich also bereits in deinem Ohr, Pilot, nur mit dem Unterschied, daß deine viel langsamer sind, deine dickflüssigen Körperflüssigkeiten bewegen sich viel langsamer als dein Flugzeug jetzt in der Kurve, die Sinneshärchen im Labyrinth nehmen alles zwar korrekt wahr und leiten es weiter, korrekt, aber zu spät, dein Geist hat es mit einer illusorischen Gegenwart zu tun, während das Flugzeug und dein Körper sich bereits in einer anderen, zukünftigen Position befinden; ihr fliegt absolut nicht sauber dahin, wie du glaubtest, ein Blick auf den echten Horizont würde genügen, eine sichtbare Linie zwischen Himmel und Erde, um jede andere Vorstellung zum Schweigen zu bringen, denn die Sicht ist mehr wert als alles andere, wenn die Wolke aufrisse, würdest du bemerken, in welcher Lage du dich wirklich befindest: du sitzt schräg in deinem schräg dahinfliegenden Flugzeug mit der Schnauze nach oben. Glaub den Instrumenten, sagte Bruno in seinem ironischen Befehlston, laß das Armaturenbrett nicht aus den Augen, wenn du draußen nichts siehst, vertrau nur den Instrumenten, und du begannst ihnen blindlings zu vertrauen und der Vorgabe der Zeiger und Zahlen zu entsprechen, und du bedientest hektisch Gashebel, Pedale und Steuerknüppel, aber der Steuerknüppel wurde plötzlich weich und nachgiebig in deinen Händen, vibrierte auf merkwürdige Weise, und du wußtest sehr wohl, was das bedeutete, und ob du es wußtest. Es war der sich ankündigende Strömungsabriß, du standest kurz vor dem Strömungsabriß. Ich will nicht sterben, sagte deine Stimme laut, ich kann hier nicht sterben, das würde meinem Wesen als Überlebendem widersprechen, und während du das sagtest oder dachtest, schmierte das Flugzeug ab und stürzte in die Tiefe.

Schwierig zu sagen, wie du fielst, wo unten und oben war, und deshalb oder vielleicht aufgrund der Stimme des Neapolitaners, der auf dem Radar sah, wie du in drei Sekunden gut tausend Fuß verlorst, und fragte »India Echo November, Probleme?«, deshalb oder aus irgendeinem anderen Grund fiel dir, während du in die Tiefe stürztest, ohne zu wissen, wo oben und unten war, Cola Pesce ein, der Junge, der fürs Wasser, fürs Meer, geboren und ihm so ergeben war, daß seine Mutter ihn verwünschte, ein Fisch sollst du werden, und von diesem Tag an lebte er als Fisch oder beinahe als Fisch, er verbrachte Stunden unter Wasser, als wäre dies sein ureigenstes Element, ohne das Bedürfnis zu verspüren, aufzutauchen und zu atmen. Um sich fortzubewegen, ließ er sich von einem der riesigen Fische, mit denen er vertraut war, verschlucken, und er bewegte sich in ihrem Bauch, so wie du im feuchten Bauch der großen Wolke in die Tiefe stürztest; sobald er sein Ziel erreicht hatte, schnitt er mit dem Messer den Bauch des Fisches auf und glitt ins Wasser hinaus, um seine Untersuchungen im Namen des Königs zu betreiben. Der König nämlich wollte wissen, wie der Meeresgrund beschaffen war, und Niccoló kehrte nach seinem Aufenthalt in der Tiefe zurück und berichtete von Korallengärten voller Edelsteine, von Haufen aus Schätzen, Waffen, menschlichen Skeletten und Resten gesunkener Schiffe. Der König ordnete Untersuchungen an, wie sich Sizilien über Wasser hielt, und

Cola Pesce kehrte zurück und erzählte, die Insel ruhe auf drei Säulen, wovon eine abgebrochen sei. Die letzte Untersuchung, die der König in Auftrag gab, betraf Cola Pesce selbst, er wollte wissen, wie weit der Meeresmensch in die Tiefe vordringen könne, und zum Beweis sollte er eine Kanonenkugel heraufholen, die extra für dieses Experiment vom Leuchtturm in Messina abgeschossen wurde. Cola erklärte sich dazu bereit, er würde gehen, wenn der König darauf bestünde, gab jedoch sofort zu bedenken, daß er diesmal nicht wiederkehren würde. Der König bestand dennoch darauf, Cola sprang der Kugel nach, die rasch in die Tiefe sank, holte sie in der tiefsten Meerestiefe ein, hob sie auf, und als er den Kopf nach oben wandte, um aufzusteigen, sah er über sich eine fest gespannte, unbewegliche und abgeschlossene Wasserdecke. Da bemerkte er, daß der Raum um ihn herum ruhig und leise war und ohne Wasser. Es war unmöglich, wieder zu den Wellen zu gelangen, um weiterzuschwimmen. Und Cola beendete hier sein Leben. So hatte ich es bei Benedetto Croce gelesen, in dessen Erzählung alle Varianten der Geschichte eingegangen waren, von Gualterus Mapes über die spanische Tradition von Don Quijote bis hin zu der Version, die Athanasius Kircher in den *Mundus Subterraneus* aufgenommen, oder jener, die Schiller in Verse gefaßt hatte. Ein Mensch, der am Meeresgrund in einer Luftblase eingeschlossen ist, das hatte dich an der ganzen Geschichte immer am meisten fasziniert, und davon träumtest du jetzt, als du in wenigen Sekunden dreitausend Fuß am Himmel verlorst, wer weiß, was es zu bedeuten hatte, daß das Wasser oben und die Luft unten war, daß alles auf den Kopf gestellt und umgedreht war, wobei paradoxerweise doch eine winzige

Möglichkeit bestand, noch einmal zu überleben, und als dir das Blut in den Kopf zurückfloß, gab es keinen Croce mehr und auch keinen *Cunto de li Cunti*, du kamst zu dir, mit einem einzigen Wort im Herzen, *overspeed*, der Geschwindigkeit, die zur Auflösung der Struktur führt.

»India Echo November, Probleme?« fragte wieder der neapolitanische Hegelianer, »India Echo November ...?« Das Unwahrscheinlichste an der ganzen Sache war die unerforschte Luftblase unter dem Wasser, auf die in keiner Version näher eingegangen wurde, niemand hatte sich über dieses unerhörte Drunter und Drüber Gedanken gemacht, das sich nicht von dem Drunter und Drüber unterschied, in dem du dich im Augenblick befandest, und du strampeltest wie ein Kind, um die Pedale wiederzufinden und der Drehung des Flugzeugs Einhalt zu gebieten, das ins Trudeln geraten war.

Du nahmst die Leistung zurück und ließest dich in Sturzflug fallen, wieviel durftest du noch verlieren, nur wenig, dem Höhenmesser zufolge; du zogst langsam am Steuerknüppel, obwohl du ihn am liebsten an dich gerissen hättest, du zogst langsam daran, um nicht endgültig in die Tiefe zu stürzen, du betetest, die Strömung möge sich so schnell wie möglich wieder an die Tragflächen legen, alles schien gleichzeitig sehr schnell und in Zeitlupe zu verlaufen, und als der Steuerknüppel wieder Widerstand bot, zogst du, ohne es recht wahrzunehmen, entschiedener daran und setztest wieder Leistung, bis die Instrumente eine stabile Fluglage anzeigten und eine fast normale Geschwindigkeit.

»India Echo November, ihr habt wieder die Höhe gewechselt. Vierhundert jetzt. Wollt ihr uns nichts mehr über euch erzählen?« seufzte der Lotse über Funk.

»Entschuldigt, Treviso. Wir haben eine heftige Turbulenz durchquert.«

»Heftige Turbulenz? Gut. Alles o. k.?«

»Ja. Halte Höhe auf ... tausend. Erbitte neues QDM.«

»Eins zwei null«, sagte der Lotse. »Steigt ruhig auf dreitausend.« Und nach einer Pause: »Sechsundzwanzig Meilen zum VOR.«

»Verstanden. India Echo November.«

Sunt etiam fluctus per nubilia, sagt Lukrez, in den Wolken gibt es auch Wellen, deshalb verlöschen Blitze am Himmel wie glühendes Metall, das in Wasser fließt, du flogst inmitten unsichtbarer Luftwellen und Regentropfen, die im Propellerwirbel zu meterlangen, durchsichtigen Würmern wurden und auf der Scheibe augenblicklich gefroren. Du stiegst, und das Grau war nicht mehr so dicht, du flogst durch den undurchdringlichen Körper der Wolken, als die neblige Masse dunkler wurde, blitzten die *strobe lights* an der Kante der Tragflächen auf, ein regelmäßiges Blitzlicht für Erinnerungsfotos aus dem Bauch der Wolken, mit dir mittendrin. Obwohl du nicht dazu berechtigt warst, hattest du die Elektronik eingeschaltet, du orientiertest dich an Funksignalen vom Boden, die in den Instrumenten Striche und Flaggen aufleuchten ließen, oder an Funksignalen aus dem Äther, digitalen Zahlen im Computer, der die Satelliten befragte und die Antworten in Kompaßgraden lieferte. Nicht alles war verständlich für dich, aber du fühltest dich beruhigter und unter Aufsicht, Flugsicherung und Kosmos paßten auf dich auf, ein Landeanflug mit QDM war ein Vorgang, der sich ständig wiederholte, alle zwei Minuten riefst du den Tower, du sagtest, Treviso, India Echo November für ein QDM, und der Lotse antwortete mit den

Zahlen, die du sofort auf dem Kreiselkompaß einstelltest, um deinen Kurs zu korrigieren.

Die Meteorologie erschien dir als Wissenschaft der Enttäuschung: nicht weil die Vorhersage nie eintreffen würde, sondern weil ihr Wesen, das im Klassifizieren bestand und genau Definiertes und Meßbares zu versprechen schien, ein ständiger Fluß war, die totale Unvorhersehbarkeit. Vielleicht war die Meteorologie gleichzeitig die Wissenschaft der Vorhersage und der Enttäuschung. Am Anfang hattest du dich beim Fliegen von den Wolken noch ferngehalten wie ein Matrose von den Eisbergen, als du jedoch begriffen hattest, daß sie die Landschaft waren, in der du dich von nun an bewegen würdest, versuchtest du sie kennenzulernen, sie zumindest zu unterscheiden, aber es war nicht so wie in deiner Kindheit mit den Mineralien und den Pflanzen, den Deklinationen und Endungen und Fällen, der Definition einer Wolke entsprach nie ein genau festgelegtes Bild, die Fluglehrbücher waren zwar hilfreich, stellten aber zu viele Behauptungen auf, und Aristoteles beschäftigte sich zumeist mit der Kosmogonie, die Wolke war bei ihm nie das, was sie war, das hatte als einziger jener verstanden und akzeptiert, der den Wolken Namen gab, der als erster beschlossen hatte, sie *cirrus, cumulus, cirrostratus* oder *cumulonimbus* zu nennen, Luke Howard, ein Engländer, der begriffen hatte, daß die Wolke kein Endzustand, sondern ein ständiger Übergang ist und als solcher beschrieben werden mußte, und deshalb hieß sein Buch *On the Modifications of Clouds*, Goethe hatte ihm eine Ode gewidmet.

»Treviso Ground control. India Echo November für ein QDM.«

»India Echo November, QDM eins eins sieben.«

»Verstanden.«

Neuer Kurs, etwas mehr nach Norden, Howard hatte seine Nomenklatur auf lateinisch verfaßt, *Cirrus: nubes cirrata, tenuissima, quae undique crescat – parallel, flexuous or diverging fibres, extensible in any or in all directions*, Wolken dieser Erscheinungsform schienen die geringste Dichte zu besitzen, in den größten Höhen aufzutreten und sich am weitesten auszudehnen, sie entstanden als hauchdünne Fäden ganz oben am Himmel, die immer länger wurden, während sich an den Rändern neue hinzugesellten, die wiederum andere hervorbrachten, ein Wachstum, das manchmal völlig grenzenlos war und ein anderesmal einer bestimmten Richtung folgte, etwa wenn die Wolke ruhig am Mond vorbeizog; die Zirruswolken stellten eine vermeintlich unbewegliche Erscheinungsform dar, die jedoch von Auf- und Abbewegungen der Atmosphäre verursacht wurde, bei feuchtem Wetter konnten sie aus der Höhe herabsteigen und sich in Zirrostratuswolken verwandeln, *nubes extenuatae subconcavae vel undulatae – horizontal or slightly inclined masses, attenuated toward a part or the whole of their circumference*, eine neue Erscheinungsform, die entstand, wenn sich die Fasern der Zirruswolken senkten und zu einer neuen, veränderlichen Einheit beweglicher Formen zusammenschlossen, die im Innern kompakter und an den Rändern ausgefranst waren.

»Treviso Tower. India Echo November für ein QDM.«

»India Echo November, QDM eins eins null. Vierzehn Meilen zum VOR. Halten.«

In ein und derselben Wolke konnten sich Zirrostrati mit Zirrokumuli abwechseln, *nubeculae densiores sub-*

rotundae et quasi in agmine appositae – small, well defined roundish masses, in close horizontal arrangement, eine Erscheinungsform, die aus einer Zirruswolke oder einer kleinen Gruppe von Zirruswolken entstanden war, die sich voneinander gelöst hatten, weil ihre Fasern abgerissen waren und sich zu kleineren, runden Formen mit scharfen Rändern zusammengeballt hatten; die eigentliche Zusammensetzung der Zirruswolke war nicht mehr erkennbar, die Veränderung erfolgte gleichzeitig im Inneren und allmählich von einem Rand zum anderen, ein Himmel mit Zirrokumuluswolken war ein wunderschöner Anblick, zahlreiche, aus kleinen Wolken bestehende Haufen, scharf abgegrenzt, die bei warmem Wetter verdunsteten oder sich aufs neue in eine Zirrus- oder Zirrostratuswolke verwandelten.

»Treviso Tower. India Echo November für ein QDM.«

»India Echo November, QDM eins eins null. Kurs auf Charlie. Meldet euch wieder.«

»Wir melden uns wieder.«

Worte und Wolken, die Angaben der Flugsicherung stimmten mit den Werten überein, die du von den Instrumenten abgelesen hast (was dich sehr erstaunte), deren Nadeln und Balken du auf das Signal des Funkfeuers ausgerichtet hieltest, Wolken und Worte, seit Jahrtausenden hatte man die Wolken erforscht, seit kurzem erst konnte man in ihr Inneres fliegen, sie von innen betrachten, aber wenn man sich im Inneren einer Sache befindet, sieht man sie nicht mehr, man muß sie sich von außen vorstellen, und von dem inzwischen abklingenden Gewitter, das du in einer Höhe von dreitausend Fuß durchflogst, nahmst du nur hin und wieder ein Wetterleuchten wahr, als würde das Licht aus den Wolken herausquellen.

Bei einem Gewitter auf hoher See hättest du dich vor dem Heulen und dem Donnern gefürchtet, hier in deinem Flugzeug warst du von den Elementen abgeschirmt, aus seiner Sicht warst du selbst das Gewitter, aber alles erschöpfte sich in einem lautlosen Auf und Ab, das du zu korrigieren versuchtest und das vom Lärm des Propellers übertönt wurde. Du versuchtest, die Kumuluswolken hinter dir zu lassen, *nubes cumulata, densa sursum crescens – convex or conical heaps, increasing upwards from an horizontal base*, Wolken, die kompakter zu sein schienen und sich in tieferen Schichten der Atmosphäre bildeten, mit einem Kern im Zentrum, um den herum der Rest wucherte, dessen unregelmäßig geformte, aber flache Unterseite erhalten blieb, dessen Gipfel aber aussahen wie Kegel und mit Fialen versehene Kugeln. Bevor die Kumuluswolke ausregnete, blähte sie sich auf und offenbarte eine Oberfläche voller ausgefranster Flocken und Vorsprünge; manchmal legte sich auch eine Zirrostratuswolke rund um ihren Gipfel wie eine Hutkrempe um eine Kuppel, wobei die ursprüngliche Gestalt des Kumulus erhalten und im Inneren der neuen Wolke deutlich erkennbar blieb. Eine kurzlebige Erscheinungsform jedoch, der Zirrostratus wurde bald dichter und dehnte sich aus, und während der obere Teil der im Inneren erhalten gebliebenen Kumuluswolke größer wurde und in sie überging, zog sein unterer weiter wie zuvor, und die konvexen Vorsprünge veränderten ihre Lage, bis sie sich seitwärts oder unterhalb befanden. Schließlich bildete sich ein großes Wolkengebilde, ein *cumulo-stratus, nubes densa, basim planam undique supercrescens, vel cuius moles longinqua videtur partim plana partim cumulata* (in so eine Wolke bist du wahrscheinlich hineingeflogen), wobei der Kumulus durch die Ritzen der höheren Wolken eingesogen wurde, und wer wie Howard das Ganze am Horizont beobachtete, erkannte darin schneebedeckte Berge, deren dunklere Grate und Ausläufer sich mit Seen, Tälern, Felsen und Türmen abwechselten. Weniger eine Wolke als eine Miniaturausgabe der Landschaft am Himmel.

»Treviso Tower. India Echo November. Für ein QDM.«

»India Echo November, QDM eins null acht. Leichte Abdrift nach Süden. Neun Meilen zum VOR.«

Neun Meilen, das sind zweieinhalb Minuten bei deiner Geschwindigkeit, die du noch einmal gedrosselt hattest, ohne es zu bemerken, weniger der Turbulenzen wegen als wegen der Illusion, aufgrund der verringerten Geschwindigkeit hättest du jetzt Platz für ein Flugmanöver, oder um einem plötzlich auftauchenden Hindernis auszuweichen; sei ehrlich, noch immer mißtraust du den Instrumenten, und vielleicht sogar auch der Flugsicherung samt Satelliten, deine Geschwindigkeit lag nur wenig über der Strömungsabrißgeschwindigkeit, noch etwas langsamer, und das Flugzeug wäre ins Trudeln geraten wie zuvor. Wie seltsam, im Zeitraum ungefähr eines Jahres hattest du ein und dasselbe Foto eines überzogenen Flugzeugs, das die Luftwirbel auf der Profiloberkante im Windkanal zeigte, sowohl in einem Handbuch über Luftfahrt entdeckt, das den Strömungsabriß als schreckliches Ereignis beschrieb, als das Schlimmste, was einem passieren konnte und das es absolut zu vermeiden galt, als auch in einem auf den neuesten Stand gebrachten Physikbuch, in dem er als wunderbares Beispiel der Chaostheorie gepriesen wurde; gewiß, du fühltest dich geehrt, daß der Strömungsabriß von der modernen Wissenschaft als »Phänomen des kritischen Augenblicks« betrachtet wurde und daß viele in dem weißen Qualm, der entstand, wenn die Strömung von der Profiloberkante abriß, und der fotografisch als Unkontrollierbarkeit der Turbulenz belegt werden konnte, die antike Konsubstantiation wiederentdeckten, die von der Antike postulierte Wesensgleichheit von Ordnung und Unordnung, ja, ein Teil von dir begeisterte sich durchaus für das Wunder, daß der Flügelschlag eines Schmetterlings in New York etc. etc., du liebtest den Zufall, aber der Flügelschlag war deine Aufgabe, Pilot; Ordnung und Unordnung waren dasselbe, unterschieden sich lediglich aufgrund einer Spanne, wurden nur durch einen Bogen getrennt, an dessen Enden das eine wie das andere herrschte, Chaos, das Ordnung enthielt, die wiederum Chaos enthielt, wie die weißen, grünen und gelben Kreisbögen, die auf deinen Instrumenten die kritische Geschwindigkeit anzeigten, die Geschwindigkeitsspanne, innerhalb deren ein Flugzeug ein Flugzeug bleibt, und davor und danach ist es keines mehr. Deine Aufgabe war es jedoch, Herr dieser kleinen Spanne zu sein, vorausgesetzt, es lag dir am Herzen, zum Funkfeuer und womöglich auch nach Hause zu kommen.

»India Echo November, ihr seid auf Charlie. Sinkt von dreitausend auf fünfzehnhundert. Melden bei Sichtkontakt mit dem Boden.«

»Werden Sichtkontakt melden.«

Nirgendwo sonst schien das Wort eine so große Bedeutung zu haben, so begierig aufgenommen zu werden wie am Himmel; das Fliegen besaß sein eigenes Alphabet, zwar nicht so ausgeklügelt wie das Morse- oder Braille-Alphabet und keines, das den Ehrgeiz besaß, neue Worte zu kreieren, sondern ein einfaches phonetisches Alphabet, weder Symbole, die für Buchstaben standen, noch Buchstaben, die Worte bildeten, sondern einfach nur Worte des alltäglichen Gebrauchs, um die Buchstaben des normalen Alphabets unmißverständlich auszudrücken, Bravo für B, Sierra für S, ein Wortschatz im Dienste eines Alphabets und nicht umgekehrt, Juliet, Charlie, Mike, Oscar, Romeo und Victor, sechs Vornamen, zwei Tänze, Foxtrott und Tango, zwei Nationen, Quebec und Indien, eine einzige Stadt, Lima, zwei Völker, Yankee und Zulu, ein Hotel, ein alkoholisches Getränk, eine Uniform, ein Monat anstelle aller anderen, November, und eine Untersuchungsmethode, X-Ray, die Röntgenstrahlen. Ein Alphabet, das angewendet wurde, um niemandem persönliche Vorlieben zu erlauben beim Benennen der Buchstaben, etwa Flamenco für F anstelle von Foxtrott, ein Tanz, der mit dem Tango der einzige international anerkannte im Funkverkehr war. Obwohl dir diese Sprache anfänglich umständlich und extravagant erschien, wurde dir allmählich klar, wie ernsthaft sie war, es war eine Sprache, die jedesmal von neuem endgültig war, die einzige womöglich, ohne weitere Gelegenheit, einen Fehler oder ein Mißverständnis zu korrigieren.

Und die unwirklichste aller Sprachen mit einem Maximum an Dichte bei einem Minimum an Worten, aber auch mit einem Maximum an Vorstellungskraft, denn jedes Wort bedeutete eine Landschaft aus Flugbahnen, Positionen, Intentionen, Herkunftsorten und Zielen, so wie jetzt, als die Flugsicherung mit einem anderen Flugzeug spricht, das zum selben Funkfeuer fliegt wie du, und dich fragt, ob du gehört hast und ob du verstanden hast; folgenreiche Worte, denn von ihnen hingen einige lebenswichtige Fragen ab, die einen gewissen Quotienten intellektueller Ehrlichkeit erforderten, denn versuchtest du zu lügen, würde sie sofort die formelle Sprache ablegen und dich im Umgangston fragen: »Seid ihr sicher?« Dein Funkspruch war immer gleich aufgebaut, wer du bist, woher du kommst, wohin du willst, wo du dich gerade befindest, wo du dich das nächstemal melden wirst und wann; auch der Funkspruch der Flugsicherung war gleich, denn er bezog sich auf deinen vorhergehenden: ich weiß, wo du bist, ich weiß, wohin du willst, hier ist deine Position, und hier ist die Position der anderen, folgendes mußt du tun, ich erwarte, daß du dich da und da wieder bei mir meldest. Es konnte geschehen, daß man einmal keine Antwort bekam, wenn man sich in der Luft per Funk unterhielt, eine Störung, schwierig zu sagen, an welchem Ende der Verbindung, dann war es unter Umständen notwendig, *blind messages* zu senden: Blindübertragung, das Verfahren für den Fall, daß keine Antwort kam und man niemanden hörte und nicht mit Sicherheit entscheiden konnte, ob man selbst gehört wurde oder nicht empfing oder ob der eigene Funkspruch nicht durchkam.

»India Echo November? Warum habt ihr eure derzeitige Höhe noch nicht verlassen?«

Das kann ich dir sagen, weil es immer oder zumindest die ersten Male angst macht, die Wolken oder den Nebel von oben zu durchstoßen, lieber im Kreis über dem Funkfeuer fliegen und die Höhe halten. Du betrachtest die Flagge, die verschwindet, und die Zeiger auf deinem Instrument, die um sich selbst kreisen, du willst auf Nummer Sicher gehen, das Funkfeuer besteht aus einer Antenne auf einer Zementplattform im Meer, die sich in einer Untiefe befindet, du wirst auf der Senkrechten sinken, Umdrehung für Umdrehung.

»Treviso Ground control, India Echo November. Wir befinden uns in Sinkflug auf Charlie.«

»Sinkt weiter, sinkt weiter.«

Du sankst und sankst in Kreisen, du schraubtest dich in konzentrischen Kreisen aus den Wolken heraus, so warst du gestiegen, so würdest du wieder sinken, fünfhundert Fuß in der Minute, in der Malerei hatten die Wolken immer dazu gedient, Himmel und Erde zu verbinden oder zu trennen, wie ein Vorhang oder ein Lift, je nachdem, jemand trat vor den Vorhang der Wolken und sprach, ein anderer fuhr von unten hinauf. Was für ein Problem sie doch waren! Um Wolken zu malen, nahm man in China rauchschwaches Pulver in den Mund und blies damit über den Himmel, der mit Tinte bereits angedeutet war, als ob das Abbild aus demselben Stoff bestehen müsse wie sein Gegenstand.

»India Echo November, seid ihr wieder in Victor Mike Charlie?«

»India Echo November? Könnt ihr was erkennen ...?« fragte der Lotse noch einmal.

Du sahst nur den Höhenmesser, fünfhundert, vierhundert, dreihundert. Am Ende der letzten Umdrehung tauchte plötzlich das Meer vor dir auf, und mit dem Meer die Stadt und dein endgültiges Ziel, so klar und deutlich sichtbar wie noch nie.

Flugmanöver

Über alles Bescheid wissen, sogar über noch mehr, und dieses Wissen in Automatismen umsetzen, die in möglichst kurzer Zeit und instinktiv, aber auch nicht zu instinktiv, ausgeführt werden müssen; Bescheid wissen, bis sich dieses Wissen in Bewegungen der Hände verwandelt, in Sensibilität, mit der die Finger die Instrumente bedienen, in die Sensibilität des Körpers, der seine Position im Raum wahrnimmt, Kinästhesie. Bescheid wissen, aber nicht zuviel, und sich auch nie auf sein Wissen verlassen, denn der Fehler wartet nur darauf, daß du dich in Sicherheit wiegst, und dann schlägt er zu. Der Pilot war auf Fehler spezialisiert, das war deine Disziplin, dein Fach. Wenn der Pilot überhaupt Kompetenz besaß, dann eine Kompetenz in Sachen Fehler. Womit beschäftigen Sie sich? Ich beschäftige mich mit Fehlern, mein Herr, nur mit Fehlern.

Bruno hätte niemals das Wort Kinästhesie verwendet, er hätte sich auch nie mit dir darüber unterhalten, er hätte sich überhaupt nicht über diese Dinge unterhalten, aber es war gewiß in seinem Sinn, daß du sie so verstandest. Es gab kein Wissen, für das es keine Verwendung gab, kein funktionsloses Wissen, auch wenn es noch so abstrakt oder banal und zutiefst in den Abgründen des Gedächtnisses vergraben war, von den Gleichungen der Aerodynamik bis hin zu den Nachrichten für das Luftfahrtpersonal, *Notam*, die du kurz vor dem Start duchlasest, um die im Augenblick bestehenden Gefahrenquellen zu kennen. Es gab keine wichtigen und keine unwichtigen Kenntnisse, das Wissen des Piloten kannte keine Hierarchie, denn auch der Fehler kannte keine, im Gegenteil, der Fehler hatte eine äußerst demokratische und egalitäre Auffassung von Schuld, aus seiner Sicht war es völlig egal, ob man ein wesentliches Prinzip verletzt hatte oder nur ein wenig von der Grammatik des Fliegens abgewichen war. Somit gab es auch keine wichtigen und keine unwichtigen Fehler, du begingst vorsichtshalber beide, mit gleichem Ergebnis. Die falsche Frau heiraten oder in einen falschen Aufzug steigen waren Probleme unterschiedlicher Tragweite im Leben, beim Fliegen jedoch konnte ein kleines Versäumnis, das in der Hierarchie des alltäglichen Lebens so wichtig war, als hätte man den Schirm zu Hause vergessen, zum völligen Zusammenbruch führen. Das lag an etwas ganz Offensichtlichem und Wesentlichem, beim Fliegen nämlich konnte man nicht anhalten, die Dinge sind im Raum umkehrbar, nicht aber in der Zeit, es war fast nie möglich, nicht ausgeführte Prozeduren nachzuholen, Manöver, die du unterlassen oder vergessen hattest, auf jeden Fall war es unmöglich, am Himmel anzuhalten und das zu tun, was du zuvor am Boden hättest tun sollen. Wenn du vor dem Start die Maschine zum Rollhaltepunkt fuhrst, überprüftest du die Bremsen, du würdest sie zwar erst bei der nächsten Landung wieder brauchen, aber wenn sie nicht funktionierten, hättest du es erst in dem Augenblick bemerkt, in dem du das Pedal durchgedrückt hättest und mit ausgestrecktem Fuß über die Piste hinausgeschossen wärst. Das Flugzeug war wie ein Geschoß, und wohin du auch flogst, das Schicksal des Fluges, das am Boden begann und am Boden endete, erfüllte sich immer, egal, in welchem körperlichen Zustand du dort ankamst.

Über all das sprach Bruno nicht, höchstens, wenn du nicht lockerließest, in ein paar spärlichen Worten, und er sprach nur bei Tisch darüber, in kurzen Infinitiven, die von langen, schweigenden Kaubewegungen unterbrochen wurden; in Brunos Geist hatte sich die detailgetreue Karte der italienischen Flughäfen mit ihren Luftkorridoren und Funkfeuern eingeprägt, darüber lag allerdings eine Karte der Gasthäuser, mitten im Flug sagte Bruno plötzlich, landen wir hier, und dieses »hier« war ein kleines, im Gras nicht erkennbares Flugfeld in Lugo di Romagna, in Thiene, in Massa Cinquale oder in Busto Arsizio, wo er zur Welt gekommen war, jedenfalls nicht weit vom Ziel entfernt, mit einer Kantine, die er sich nicht entgehen ließ. Aber auch schnelle Suppen, die sich die Mechaniker an grauen und regnerischen Tagen im Hangar auf dem Gaskocher zubereiteten, erregten sein Interesse, sofern er dafür nicht sein Schweigen aufgeben mußte. Sobald er fertiggegessen und es zu regnen aufgehört hatte, setzte sich Bruno vor die Tür seines Büros, wie die alten Männer in den Dörfern, und blieb auf seinem Stuhl neben der Zapfsäule sitzen, im Zwiegespräch mit den Wolken und der Luft. Du gingst in der Zwischenzeit auf dem leeren Platz auf und ab und wartetest darauf, daß der Himmel sich aufhellte, du verlorst dich in langen imaginären Gesprächen, die du laut nicht führen konntest, weil es unmöglich war, mit Bruno vertraut zu werden; du sagtest zu ihm, siehst du, Bruno, wenn du mitten im Flug den Gashebel zurückschiebst und seelenruhig »Motorschaden« sagst und mit der Hand nach meinem Steuerknüppel greifst, die Magneten abschaltest und dann die Luftschraube stehenbleibt, betrachte ich einen Augenblick lang das unbewegliche Rotorblatt am

Horizont, und ich spüre einen eiskalten Schauer über den Rücken laufen, dann tue ich, was zu tun ist. Das Schweigen im Cockpit klingt wie eine Stimme, aber du sagst kein Wort, du kontrollierst nicht einmal meine Bewegungen, du spürst sie an unserer Fluglage, daran, wie ich versuche, dich langsam zur Erde zurückzubringen, wie ich das Flugzeug samt unseren Körpern gleiten lasse und dabei die richtige Neigung einzuhalten versuche, wie ich die Maschine loslasse und wieder auffange; und an Nachmittagen wie heute, wenn ich darauf warte zu fliegen, lasse ich mir das alles durch den Kopf gehen, ich lasse mir den Sackflug und Steilkurven durch den Kopf gehen, und vielleicht gelingen sie mir jetzt besser, siehst du, was ich jetzt für Rollen und Loopings zusammenbringe. Jeden Abend verlasse ich als letzter den Flugplatz und nehme mir mit, was ich aus den kontrollierten instabilen Fluglagen und den Übungen des Ungleichgewichts oder, wenn es dir lieber ist, des Gleichgewichts in einem Extrembereich gelernt habe. Ich würde es gerne woanders anwenden, bei den Manövern im alltäglichen Leben, aber würde ich jemals mit dir darüber sprechen können, Bruno, und wie? Du sitzt an die Zapfsäule gelehnt wie eine Katze am Heizkörper, und mit verschränkten Armen schaust du über den Asphalt des Flugplatzes, in dessen Rissen Wurzeln und Gras wuchern, es ist ein alter Flugplatz, ein müder Flugplatz, wer weiß, worauf du wartest an Nachmittagen wie heute: alte Flugplätze sind so merkwürdig, manchmal scheinen sich auf ihnen unsichtbar jene aufzuhalten, die hätten ankommen sollen, aber nie angekommen sind, unsichtbar und mit dem Koffer in der Hand warten sie darauf, von ihren Verwandten abgeholt zu werden, so wie ihre Verwandten damals, vor wer weiß wie langer Zeit, verzweifelt auf ihre Ankunft gewartet haben, aber sie kamen nie mehr an. Aber das ist nur einer von den schrecklichen Fällen, wenn man sich nie mehr trifft. Unschuldige Halluzinationen, Bruno, wenn ich dir davon erzählte, würden sie bald in meinem Krankenbericht stehen, oder vielleicht auch nicht. Glaubst du, daß man es im Leben genauso machen könnte wie beim Fliegen, daß auch die Dinge des Lebens so umkehrbar sein könnten? Beim Fliegen beruht alles auf der Kreisförmigkeit des Kompasses, jeder Punkt läßt sich so betrachten, als läge er vor oder hinter mir, für jede navigatorische Berechnung gibt es ihr Gegenteil, ein Bezugspunkt ist kein Werturteil, nur eine Wahl hinsichtlich der Position, wir können ihn leicht umkehren, wir navigieren mit Hilfe der Entfernung, mit Instrumenten, die uns anzeigen, wie die Strecke, die wir zurückgelegt haben, abnimmt, und wir navigieren ebenso mit Hilfe der Annäherung, mit Instrumenten, die unser Ziel, unseren Ankunftsort anpeilen. Beim Fliegen funktioniert die Teleologie auch umgekehrt, sie zielt nicht nur auf etwas ab, sondern sie zielt auch darauf ab, sich von etwas zu entfernen, sie besteht auch aus der Richtung, aus der wir kommen, obwohl wir nicht das Gefühl haben, nur eine »Vergangenheit« hinter uns zu haben, vielmehr so etwas wie einen roten Faden, *track*, der uns, indem er abgespult wird, irgendwo hinzieht; das ist die rote Flagge, die ich jeden Tag sehe, wie sie sich im Instrumentenfenster auf den Kopf stellt, wenn ich fliege und Radialen in alle Richtungen folge, wenn ich mich von einem Punkt wegbewege, den ich genausogut als Ausgangspunkt oder als Zielpunkt betrachten könnte: auf der Flagge steht entweder To oder From, je nachdem, bewegliche Worte, die sich entfernen oder nähern, und wenn weder To noch From zu lesen sind, steht Off auf der Flagge, zu weit entfernt von einem Funkfeuer, um es empfangen zu können. Hätte ich doch auch im Leben irgendeinen Strahl, dem ich folgen könnte, sowohl in die eine (*to*) als auch in die andere (*from*) Richtung; auch wenn das Signal des Funkfeuers nur in eine Richtung sendet, aus der eigenen Quelle hinaus in die Unendlichkeit, wie eine Küstenbefeuerung, ein Signal, das nur einen Ursprung besitzt, ein From-Signal, kann ich mich dennoch darauf zubewegen, doch in diesem Fall sind die Angaben der Nadel in ihr Gegenteil verkehrt oder in deinen Worten, Bruno, »antiinstinktiv«. Norden ist Norden, wenn auch nicht der einzige, aber er ist einfach ein Bezugspunkt, jeder Grad auf dem Kompaß besitzt dieselbe Würde, jeder Punkt auf der Erde ist gleichzeitig Ausgangs- und Zielpunkt einer Reise, je nachdem, und je nach Gelegenheit sein Gegenteil. Wenn ich bloß akzeptieren könnte, daß allein der Weg zählt, beziehungsweise die »Teilstrecke«, wie du die Route bezeichnest, ohne mich danach zu sehnen, anzukommen oder zurückzukehren, oder wenn mir jederzeit bewußt wäre, daß Abreise und Ankunft hin und wieder dasselbe sind, zusammenfallen. Vielleicht ist das der Grund zu fliegen, Bruno, die kleine Befriedigung, die wir jedesmal beim Aufbrechen und Ankommen empfinden, beim Ankommen im Augenblick des Aufbrechens, die Vorstellung, wenigstens das zu Ende gebracht zu haben: man scheint etwas gemacht zu haben, auch wenn man nur Meilen gemacht hat. (All das ist bereits in so vielen Büchern beschrieben worden, in Büchern und von Lehrern, die nichts mit dem Fliegen zu tun hatten, aber nie ist es mir gelungen, es im Leben anzuwenden, ohne dabei einen Rest von Schmerz und Wehmut zu empfinden, diese Dinge lassen sich zwar vom Verstand her begreifen, sich jedoch nie zur Gänze verinnerlichen, nur beim Fliegen fallen sie mir leicht, weil in ihnen das Wesen des Fliegens besteht und sie unerläßlich sind, anders ginge es gar nicht.)

Weißt du, Bruno, hier auf diesem alten Fluggelände gibt es eine Menge, von dem ich mir einbilde, ich könnte es mitnehmen, für jede Situation ist hier ein eigenes Verfahren vorgesehen, du führst es vor und erwartest, daß jeder von uns es erkennt und wiederholt, bis es zu einer instinktiven, aber auch nicht allzu instinktiven Handlung geworden ist; so wie die Art zu schauen bei Nachtflügen, du bringst uns bei, die Lichter der Städte oder die beleuchteten Umrisse und Erhebungen nicht direkt zu betrachten, sondern von unten oder schräg von der Seite wie ein schamhaftes Mädchen, das den Blicken ausweichen will, bis sich die Dinge schließlich so zu erkennen geben, wie sie sind, und nicht so, wie sie erscheinen, schaut sie nicht direkt an, widersteht bei Nachtflügen der Versuchung, ins Licht zu sehen, wenn man nachts oder bei schwachem Licht die Dinge in ihren richtigen Dimensionen sehen will, muß man sie vom Rand her ansehen, du bezeichnest das als »peripheres Sehen«. Beim Fliegen gelingt mir das inzwischen recht gut, aber im Leben, Bruno, da schaue ich nach wie vor frontal geradeaus und lasse mich erdrücken von dem, was ich sehe, ich blicke es wie betäubt an, so daß eine einzige Szene, eine einzige Erinnerung oder eine Obsession das ganze Gesichtsfeld einnimmt; irgendwo gäbe es gewiß eine periphere Perspektive, mit deren Hilfe alles seine wahre

Größe zurückbekäme, ein Manöver der Augen, die das Gesehene umkreisten und in den richtigen Maßstab rückten, doch es fällt mir so schwer, sie zu finden. (Langsam glaube ich jedoch auch, daß es einem nützlich ist, sich erdrückt zu fühlen, daß es etwas Wertvolles ist, daß es ein Rhythmus ist, obwohl du dem vom Standpunkt des Fliegens, von der Praxis des Fliegens her, nie zustimmen könntest.) Beim Fliegen gibt es fast überhaupt nichts Direktes, alles, was letzten Endes auf die Mitte ausgerichtet und unmittelbar sein soll, muß vorab korrigiert und kompensiert werden, die Tatsache, daß sich etwas in der Mitte befindet, muß mit Hilfe einer absichtlichen Abweichung von ihr und durch Verschiebung vorbereitet werden, wenn ich mit Seitenwind fliege, muß ich die Nase in den Wind stellen, in die Richtung, aus der er kommt, und sogar noch darüber hinaus, ich muß möglicherweise um dreißig, vierzig Grad vom Kurs abweichen, das ist zwar nicht mehr meine Richtung, aber nur wenn ich gegen den Wind vorhalte, kann ich meinen Kurs fliegen. Und diese aufgrund der Strömungen in der Höhe notwendige Abweichung von der Mitte ist nur Teil einer komplizierteren und genaueren Berechnung: um dort anzukommen, wo ich ankommen möchte, muß ich beim Navigieren den Unterschied von drei Nordrichtungen berücksichtigen, dem magnetischen Nord, dem geographischen Nord und dem Kompaßnord, der seinerseits von den Metallteilen des Flugzeugs beeinflußt wird. Jede Nordrichtung muß den anderen hinzugefügt oder von ihnen abgezogen werden, und sie muß meinem Kurs hinzugezählt werden, meiner endgültigen Zahl, der ich auf dem Kreiselkompaß folge, auf die ich setze wie ein Spieler; um dort anzukommen, wo ich ankommen möchte, stelle ich die Nase in eine ganz andere Richtung, und ich folge einem imaginären Kurs, der ganz woandershin zeigt, in eine Richtung, die nur aufgrund des Erdmagnetismus, der Berechnungen und des Windes existiert. Ich habe keine andere Möglichkeit, mein Ziel zu erreichen.

Bruno schwieg, über das Flugfeld zogen tiefhängende Wolken, die eingeschlagen waren wie Laken, der Lärm aus den Hangars, wo auf Metall gehämmert wurde, rief mich zeitweise in die Realität zurück, hinter den polierten Fenstern des Towers sah man schwach die Umrisse der Lotsen, hin und wieder eine Zigarette, die einer während des Wartens rauchte, die Trägheit des Nachmittags schien die Aktivitäten unterbrochen und sie auf ein Minimum reduziert zu haben, und jede einzelne war in ihr spezielles Schweigen gehüllt, das Schweigen der uniformierten Zöllner an der Tür zur Bar, die stumm das Plakat betrachteten, auf dem in Computerschrift zu lesen war: »Versichern Sie sich, daß das Hirn angeschlossen ist, bevor Sie den Mund aufmachen« (wahrscheinlich sprichst du deswegen nicht, weil du davor Angst hast), das Schweigen Brunos, der mit verschränkten Armen und gesenktem Kopf dasaß, oder dein geschwätziges Schweigen, während du vor ihm auf und ab gingst und keine Möglichkeit fandest, ihm zu sagen, was du ihm sagen wolltest, etwa daß das ganze Berechnen und Imvoraus-Planen eigentlich gar nicht deinem Temperament entsprach, Bruno, ich würde den Flug lieber Minute für Minute genießen, während ich ihn ausführe, ich würde mich lieber dem stellen, was passiert, anstatt ihn jedesmal durchzuspielen, bevor ich an Bord gehe, um dann unterwegs in meiner Vorstellung dem Flugzeug immer um ein paar Meilen oder ein paar Minuten voraus zu sein. Früher wußte ich im Leben instinktiv, was ich zu tun hatte, oder ich zwang mich, alle Möglichkeiten langsam durchzugehen, um schließlich doch zu jener zurückzukehren, von der ich von Anfang an überzeugt war. Aber ob ich nun instinktiv oder verstandesmäßig entschied, alles mündete in den Irrtum, vor allem dann, wenn ich glaubte, es richtig gemacht zu haben, warum also nicht gleich intuitiv einen Fehler begehen, sofort einen Fehler begehen, spontan einen Fehler begehen, wenigstens gelangt man so schnell zu einem Ergebnis. Aber beim Fliegen ist auch der Instinkt ein Thema, etwas, an dem gearbeitet, dem widersprochen und das in sein Gegenteil verkehrt werden muß. »Antiinstinktive« Manöver nennst du das, zum Beispiel beim Strömungsabriß, wenn du spürst, daß der Auftrieb an der Tragfläche zusammenbricht, das Flugzeug zu vibrieren beginnt und die Warnung ertönt oder eine digitalisierte Stimme im Cockpit *Stall! Stall! Stall!* wiederholt, auf englisch, in der offiziellen Fliegersprache, die auch für die schlechten Nachrichten zuständig ist, und wenn das Gefühl von dir verlangt, am Steuerknüppel zu ziehen, nichts anderes als zu ziehen und die Schnauze nach oben zu nehmen, die bereits absackt; und wenn du deinem Gefühl gehorchst, verliert die Tragfläche endgültig die Strömung, das Flugzeug und wir alle in seinem Inneren verwandeln uns augenblicklich in irgend etwas Schweres. Es gibt viele Gründe, die zu einem Strömungsabriß führen können, weil man zum Beispiel unaufmerksam war, weil man ein falsches oder unzureichendes geistiges Bild vom augenblicklichen Stand der Dinge hat, oder aufgrund äußerlicher Vorkommnisse wie Vereisung, aber man kommt nur davon, wenn man sich fallen läßt, wenn man alle anderen Impulse besiegt und den Strömungsabriß unterstützt, wenn man die Schnauze nach unten drückt und das Fallen begünstigt, bis man seine Geschwindigkeit wiedergewinnt und die Luft. Dasselbe gilt beim Trudeln, kaum beginnt man sich zu drehen, drückt man schon den Steuerknüppel in die der Drehung entgegengesetzte Richtung und dann wie wild irgendwohin, nur um sie zu beenden, die Tragfläche verliert auf diese Weise auch noch das bißchen Auftrieb, das ihr geblieben war, und es gibt keine Möglichkeit mehr davonzukommen. Nie gegensteuern, lautet die eiserne Regel, das Trudeln fängt man mit den Pedalen und dem Höhenruder ab, dem Ruder, das unter solchen Umständen als letztes seine Wirksamkeit verliert. Es gibt viele Gründe, die zu einem Strömungsabriß führen können oder dazu, daß man ins Trudeln gerät, weil man unaufmerksam ist, aufgrund eines Fehlers, weil man seinen Halt verliert, weil man ein ungenaues Bild hat von der eigenen Position, womöglich in bezug auf die der anderen, oder weil man sich auf einen einzigen Aspekt der Dinge konzentriert und aus diesem alle Bilder, alle Bedeutungen, alle Richtungen abgeleitet hat, auch im Leben gibt es Notsituationen, in denen der Instinkt nach sofortigen und endgültigen Reaktionen verlangt, Augenblicke des Strömungsabrisses, in denen wir versuchen, weiter zu steigen oder wenigstens unsere Höhe zu halten, obwohl der einzige Ausweg darin bestünde, sich gehenzulassen, Augenblicke, in denen wir den Dingen geradewegs ins Auge blicken und direkt auf ihr Innerstes zielen, obwohl es am vernünftigsten wäre, sich ihnen auf Umwegen und vom Rand her zu nähern, sich vorsichtig an der Peripherie entlangzutasten, ohne vom Weg abzukommen, es gibt

Augenblicke, in denen wir zu trudeln beginnen und verzweifelt am Steuer reißen und damit das Trudeln verlängern. Du, Bruno, würdest natürlich zu »antiinstinktiven Manövern« raten, aber weder ist es sicher, daß es einem gelingt, immer das Gegenteil zu tun, noch, daß man im Leben wirklich davonkommen will; Instinkt und Nicht-Instinkt können miteinander verflochten oder ins Gegenteil verkehrt sein, und jede Kehrseite hat wiederum eine Kehrseite, die nicht unbedingt die Vorderseite ist. Tatsächlich gibt es auch beim Fliegen einen geheimnisvollen Bereich, einen einzigen, der alldem ähnelt, einen aerodynamischen Bereich, in dem sich die Wirkung der Ruder in ihr Gegenteil verkehrt, einen Extrembereich, in dem das Verhältnis zwischen Geschwindigkeit und Auftrieb eine Schwelle erreicht, wo die Wirkung der Geräte eben in ihr Gegenteil umschlägt, in dem es notwendig ist, den Steuerknüppel nach vorn zu drücken, wenn man steigen will, und ihn an sich zu ziehen, wenn man sinken will, das ist nicht einfach zu verstehen, und es ist nicht einfach, sofort zu begreifen, daß man in diesen Zustand geraten ist. Nicht immer bemerkst du, daß das, was von dir verlangt wird, genau das Gegenteil dessen ist, was man von dir will, daß die Frage so gestellt wurde, daß sie als ihr Gegenteil erscheint; beim Fliegen kann man sich retten, wenn man es rechtzeitig bemerkt, in der Liebe jedoch nicht, selbst wenn dir rechtzeitig auffiele, daß du dich im Reich der »in ihr Gegenteil verkehrten Fragen« befindest, und selbst wenn du die Kraft hättest, deine eigenen Antworten und Gesten als ihr Gegenteil erscheinen zu lassen, ihr würdet beide nicht davonkommen, bei der Liebe mit umgekehrten Ansprüchen hat man keine Chance, denn selbst wenn es dir gelingen sollte, das Gegenteil der Antwort zu formulieren, so sind deswegen weder der Schmerz noch die Hemmung aufgehoben, derentwillen die Frage überhaupt so formuliert wurde, daß sie als ihr Gegenteil erschien.

Wir fliegen mit Hilfe geistiger Bilder, Bruno, die wir von Augenblick zu Augenblick produzieren, indem wir Positionen in bezug auf einen Himmel und eine Erde sichtbar machen, die nicht länger sichtbar sind, Positionen, die wir uns in einem Akt wohlüberlegter Phantasie – wenn du mir den Ausdruck gestattest –, wirklich wohlüberlegter Phantasie vorstellen, denn immerhin geht es um unser Leben; kleine Halluzinationen, die sich beim Ablesen der Instrumente entlang der Route ergeben, eine nach der anderen, Halluzinationen, auf die weder ein Traum noch ein Bewußtseinsverlust noch irgendeine Beschreibung folgen, sondern einfach ein Manöver, ein Werk der Hände, das uns irgendwohin trägt. Gewiß, die wohlüberlegte Phantasie hat ihre Stützen in den Bordinstrumenten, die allmählich die wirkliche Welt ersetzen, die Welt jenseits der Verglasung, die vorübergehend unsichtbar ist, sechs Instrumente, die für das Führen eines Flugzeugs von grundsätzlicher Bedeutung sind und alle auf direkte Weise eine »Wahrheit« beschreiben, und mindestens zwei andere, die es auf indirekte Weise tun, alle zusammen spielen von Mal zu Mal eine Hauptrolle in einem Manöver und eine Nebenrolle in anderen, wie bei einem chinesischen Brettspiel oder einer chemischen Verbindung, in der dieselben Elemente immer wieder auf neue Weise miteinander kombiniert werden können, oder auch wie in einer Erzählung, in der jede Person nur einen Teil der Wahrheit kennt. Ich spreche nur deshalb von »Wahrheit«, Bruno, weil du darauf bestehst, an die Instrumente zu glauben wie an die Wahrheit; trotzdem läuft mir immer ein leichter Schauer über den Rücken, wenn ich in die Wolken hineinfliege und mich damit begnüge, ein paar in das Armaturenbrett montierte Kästchen aus Metall und Plastik als »Wahrheit« zu betrachten, jedesmal ist dafür von neuem ein kleiner Vertrauensakt nötig und ein kleiner Akt des Vergessens.

Auch der Notfall wird hier zur Gewohnheit, zu einer Disziplin: Wie macht man das, was höchst dramatisch und endgültig ist, zu etwas Normalem und Handhabbarem? Bald wird man feststellen, daß dort, wo man eigentlich nichts mehr vermutet, eine schnell ablaufende Zeitspanne sich auftut, die in die Länge gezogen werden kann, wenn man jede einzelne der Sekunden ins Auge faßt, aus denen sie besteht, Sekunde um Sekunde, ein winziger Raum, der ausgedehnt werden kann, indem man ihn in Gesten und Handgriffe unterteilt, die alle noch ein paar gewonnene Meter am Himmel bedeuten und noch ein paar Fuß an gehaltener Höhe. Zwischen fliegen und nicht mehr fliegen liegt eine Freizone aus Sekunden, Meilen und Höhe, das ist unsere Zone, Bruno, hier haben wir zu tun, das ist unser Platz. Wir haben alle Zeit der Welt, sagst du, als du mir am Himmel den Motor abschaltest, und während ich sie so intensiv wie möglich nutze, fragst du mich: Was wäre, wenn nicht ich dir den Motor abgewürgt hätte, sondern du es mit einem Motorbrand zu tun hättest? Ich antworte, wie es im Handbuch steht, Pumpe aus, Brandhahn zu, nicht versuchen, den Motor wieder anzulassen usw., ich beschreibe dir ein Manöver und führe währenddessen ein anderes aus, um uns aus der Situation zu befreien, in die du uns gebracht hast, aber weißt du was, Bruno, ich glaube, in Wirklichkeit, wenn es mir passierte, käme es darauf an, mit Passagieren an Bord würde ich jede Sekunde alles Menschenmögliche tun, um sie heil zur Erde zurückzubringen, allein jedoch und mit der Gewißheit, nur noch eine Minute zu haben und nicht mehr, würde ich sie nicht auf diese Weise vergeuden, ich weiß nicht, ob ich bis zum letzten kämpfen würde, Bruno, ich würde wahrscheinlich aufgeben und statt dessen voller Zärtlichkeit an jene denken, die ich geliebt habe, mich bei ihnen entschuldigen, daß ich ihren Erwartungen nicht entsprochen habe, und nicht wie wild am Armaturenbrett eines Flugzeugs herumhantieren.

Das Bewußtsein des Piloten zielt nicht unmittelbar darauf ab, ein Flugzeug zu führen, sondern zunächst einmal, sich ein Bild vom momentanen Zustand und seinen ständigen Veränderungen zu machen sowie entsprechende Verhaltensweisen hervorzubringen, die so sehr in Fleisch und Blut übergegangen sind, daß sie im Rahmen einer Erfahrung, die rundherum unnatürlich ist, trotzdem unmittelbar und natürlich erscheinen. Das, Bruno, weiß keiner so gut wie du, aber du sprichst nicht davon, wie du auch von allem anderen nicht sprichst. Die Natürlichkeit des Unnatürlichen verlangt eine spezielle Sorgfalt, sie muß gepflegt werden, man muß sie ständig in Gebrauch halten, sie ist wie ein Pfad durch den Urwald, der sofort zuwächst, sobald er nicht begangen wird, sie nicht zu gebrauchen bedeutet, Teile davon zu verlieren, das Bewußtsein des Piloten ist einem ständigen Lernprozeß unterworfen, der kein Ende nimmt, dazu dienen die endlosen Kontrollen, denen du uns unterwirfst wie jede andere Luftfahrtbehörde auch, auch wenn man noch so alt und flugerfahren ist, und dazu dient auch die Tatsache, daß es für alles einen eigenen Flugschein, eine Lizenz, eine Berechtigung gibt. Und alles läuft ab, Bruno, alles ist hier zeitlich begrenzt und verfällt in regelmäßigen Abständen, und um es zu erneuern, muß man nachweisen, daß man sein Wissen angewendet hat, daß man es stunden-, tage-, monate- und jahrelang in die Praxis umgesetzt hat, in Flüge, in Flugstunden, in Stunden hinterm Steuer. Das Wissen, das du vermittelst, Bruno, muß mehr als jedes andere überprüft werden, es ist vielleicht das einzige, dessen Gültigkeit ständig widerrufen werden kann, sofern man nicht nachweisen kann, es ausreichend angewendet zu haben, gewiß das einzige, das ein Ablaufdatum besitzt wie die Milch.

Um in diesem engen Bereich nicht auf mich allein gestellt zu sein, besitze ich ein kleines Gebetbuch, kein sehr bedeutendes Buch, wie auch die Bücher, die ich in meiner Kindheit schätzte, Führer und Bedienungsanleitungen, nicht sehr bedeutend waren. Jeden Morgen steige ich ins Flugzeug und schlage zuerst einmal dieses Brevier auf. Der Text hält für jeden Punkt Frage und Antwort bereit, man könnte ihn zu zweit hersagen, aber es geht auch allein, was immer öfter der Fall ist, man braucht nur beide Rollen zu spielen ...

Master switch on? On.
Anti-collision beacon? On.
Flaps? 10 degree.
Parking brake? On.
Radios? Tuned and checked.
Instruments? Set as required.
Trimmer? Neutral.

Wie andere Gebete auch ist es mit einer gewissen Gestik verbunden, mit der man die Schalter bedient. Und so wie es Gebete für jede Stunde des Tages gibt, gibt es für jede Phase des Fluges eine eigene Liturgie, die die Götter versöhnlich stimmen soll, für den Augenblick vor dem Anlassen, vor dem Rollen, nach dem Start, während des Flugs, für den Landeanflug, für das Landen selbst und für das Abstellen, und natürlich gibt es ganz spezielle Gebete für alle Notsituationen, und im Brevier befinden sie sich auf den Seiten mit rotem Rand, damit man sie im Fall des Falles schneller findet. Gelobt sei die *check-list*, Bruno, ein höchst bescheidenes, aber äußerst nützliches Buch, ein Buch, das leider oder glücklicherweise niemand von uns besitzt, wenn es um die Manöver und die Notfälle des alltäglichen Lebens geht.

Das hättest du ihm gerne gesagt, und beinahe glaubst du, daß dies der richtige Augenblick sein könnte, beinahe, an diesem Nachmittag, der mit Warten vergeht, an dem sich die Wetterverhältnisse nicht bessern und es klar zu sein scheint, daß du nicht fliegen wirst, könntest du wirklich das Schweigen brechen und mit ihm sprechen. Du gehst zur Zapfsäule. Bruno schläft, er schläft seit einer Weile, so tief, daß er nicht einmal bemerkt, daß es wieder leicht zu regnen begonnen hat und ihm ein paar Tropfen über den kahlen Schädel laufen.

Unreported inbound Palermo

(Wenn es hier ein Kapitel über Ustica gäbe, wäre es die Geschichte des Flugzeugs. Es wäre die Geschichte eines Flugzeugs, das am Meeresgrund gelandet und wieder aufgetaucht ist, eines Wesens aus Metall, das wie in einem Mythos sich in die Unterwelt begeben und wiederauferstanden ist, die Geschichte von etwas, das für die Luft bestimmt war und im Wasser endete – aber das Wasser ist schlimmer als alles andere, schlimmer als die Erde oder irgendein Gebirge und erschreckender, der Gegensatz schlechthin, dreitausend Meter unter dem Meeresspiegel, dreitausendsiebenhundert Meter – und das dann Stück für Stück aus dem Wasser herausgeholt und mit größter Sorgfalt am Baumuster angebracht wurde, so nennt man das nachgebaute Skelett im Hangar, das behelfsmäßige Gerippe, auf das jedes einzelne Stück montiert wird, um das Flugzeug detailgenau zu rekonstruieren. Man könnte die Geschichte *I Tigi* nennen, *Die Tigi*, als handle es sich um ein Naturvolk oder um jahrhundertealte Bäume und nicht um zertrümmerte und wieder zusammengesetzte Metallteile. In der Luft, am Meeresgrund und schließlich an Land. Und wann geht es weiter? »Bologna Ground, bereit zum Anlassen«, »Itavia 870, Anlassen genehmigt, Temperatur 24, erbitte Zeitvergleich. Habt ihr den letzten Bericht?« Und in der Stille des Hangars und der Nacht würde man ein leises Tröpfeln hören, als ob das Meer, das jahrelang auf den Metallmolekülen gelastet hat, auch an Land und im Trockenen noch aus ihnen herausfließen würde, Tropfen für Tropfen, und es dem Flugzeug nie gelingen würde, sich davon zu befreien. »Itavia 870, Genehmigung für Palermo via Florenz, *Ambra 13*, steigen Sie und halten Sie Flugfläche 190. Wiederholen Sie und melden Sie abflugbereit«, I-TIGI, India Tango India Golf India, es wäre die Erzählung des Metalls in der ersten Person, die Erzählung von etwas, das zuallererst ein Flugzeug war, dann am Meeresgrund landete und von dort wieder auftauchte, um sich erneut in ein Flugzeug zu verwandeln, in ein rekonstruiertes Wesen aus Metall; aber obwohl es davor und danach ein Flugzeug war, geht die Rechnung nicht ganz auf, dazwischen gingen über achtzig Menschen verloren, Passagiere wie Besatzung. »Itavia 870, Abflugzeit 8, rufen Sie Padova Informazioni«, »Von nun an Padua 870, auf Wiedersehen, Bologna«, ein Ereignis, das zeitlich umgekehrt wird wie in jenen Trickfilmen, in denen eine Milchflasche in tausend Stücke zerbricht, die dicke Flüssigkeit in alle Richtungen spritzt und plötzlich jeder Glassplitter Raum und Zeit in umgekehrter Richtung durchquert, seinen alten Platz wieder einnimmt und sich wieder zur ursprünglichen Form zusammenfügt, und auch die Flüssigkeit fließt Tropfen um Tropfen in die Flasche zurück. Aber beim Vorgang des Zerfallens und des Sich-wieder-Zusammenfügens geht etwas verloren und wird auf immer verloren sein. »Padua, guten Abend, hier ist 870«, »Itavia 870, weiter wie freigegeben, rufen Sie wieder Florenz.« Die Unterwasserkamera, die über den Meeresboden strich, erfaßte fünf Buchstaben des Alphabets, I-TIGI, die mit schwarzem Lack auf die Unterseite der linken Tragfläche gemalt waren, und es bestand kein Zweifel mehr, die Tigi lagen hier, das Heck vier Kilometer vor dem Cockpit. »Guten Abend, Rom, hier ist

Itavia 870«, »Guten Abend, 870. Kommen«, »870 ist über Florenz, Flugfläche 160, wir steigen auf 190. Über Bolsena schätzungsweise um 34«, »Itavia 870, verstanden. Squawk 1236. Freigabe für Palermo via Bolsena, Puma, Latina, Ponza, *Ambra 13*«, »Squawk 1236. Bereit für weiteren Steigflug, 870.« »Itavia 870, rufen Sie Radar. Steigen Sie fürs erste auf Flugfläche 230. Verkehr vor Ihnen, 6 Meilen entfernt, Flugfläche 250«, »Rom, Verkehr in Sicht.« Die Tigi lagen hier, in geringer Entfernung von einem mit Glas beladenen römischen Schiff, einem Kanonenschiff aus dem achtzehnten Jahrhundert und einer Messerschmitt aus dem Zweiten Weltkrieg – Erinnerungen aus der Geschichte des Transportwesens, ein unfreiwilliges Museum am Grund des Meeres. »Itavia 870, gehen Sie auf Kurs 170. Mit Verkehr in Sicht Freigabe für Flugfläche 290. Normale Navigation nach Bolsena bei Durchqueren von 260«, »870 in Steigflug auf 290, verläßt 190.« Zuerst zeichnete das Echo der Sonargeräte auf den Plottern die Umrisse noch unbestimmter, abstrakter magnetischer Gegenstände, deren Wahrscheinlichkeit – daß es sich um ein von Menschenhand geschaffenes Objekt handelte, nicht um ein geologisches – in hoch, mittel und niedrig eingestuft wurde; dann wurde aus der Sicht der Unterwasserkamera jedes Stück zu einem numerierten Objekt, und in dem Augenblick, in dem die Kräne die Stücke schließlich wassertriefend auf der Brücke deponierten, wurden sie zu einem Beweisstück. »Rom, 870 durchquert 245 mit Verkehr in Sicht, dürfen wir links beidrehen?«, »Positiv, Itavia 870. Weiter nach Bolsena.« Östlich des Kurses – denn das Flugzeug brach östlich seines Kurses auseinander und fiel auf dieser Linie ins Meer (man würde nicht glauben, daß es auch am Meeresgrund wesentliche Bezugspunkte gibt) – fand man die beiden Triebwerke, eine Viertelmeile voneinander entfernt, eine Meile weiter östlich die Tragflächen und den Rumpf, eineinhalb Meilen davon entfernt das Höhenruder, noch zwei Meilen weiter östlich den hinteren Teil des Rumpfes und ein Stück der linken Tragfläche, die nicht erst beim Aufprall abgebrochen war, sondern aufgrund der enormen Beschleunigungskräfte bereits während des Absturzes, noch weiter in der gleichen Richtung einen Tank, der von irgendwoher gekommen war, und dann, ganz außen, das Endstück des Rumpfes, die hintersten sechs Fenster rechts, die hintersten sechs links. »Hier ist 870, guten Abend, Rom«, »870 calling?« »Yes, good evening, this is 870 maintaining 290 over Puma«, »Roger, 870, proceed Latina-Ponza.« Alles, was hinten war, kam vorne zu liegen, und umgekehrt, aus welchem Grund auch immer sie ins Meer gestürzt waren, die Tigi hatten sich am Meeresgrund in genau der entgegengesetzten Reihenfolge angeordnet, in der sie einen Augenblick zuvor noch in der Luft waren, entlang eines ungefähr zehn Kilometer langen Korridors aus Wrackteilen. Jedes noch so winzige Teilchen ließ einen Schluß zu, die Bordinstrumente ebenso wie die Teppiche und der Spannbezug, der auf der Höhe der vierten Sitzreihe glatt abgetrennt worden war. Was wissen die Dinge von Zusammenhängen und Vorgängen? Was wissen sie von Auftraggebern und Vollstreckern, die Dinge sind einfach da. Wenn es die Geschichte des Flugzeugs wäre – denn das Flugzeug kennt seine Geschichte, wie viele auf der Welt kennen die ihre? –, wäre es in Ermangelung der Worte eine Geschichte der Dinge, eine Geschichte des Metalls, des Schaden zufügenden und des beschädigten Metalls, denn der Rumpf allein weiß, warum er vor dem Heck auf unregelmäßige Weise zertrümmert wurde, der linke Stummel der Höhenflosse weiß, warum er am Rand kreuzförmig eingerissen ist, so wie die Unterseite der rechten Klappe mit Sicherheit weiß, was sie durchbohrt hat und was die kleinen Eisenkugeln zu besagen haben, die in den Blechen gefunden wurden, auch die Seitenluke weiß, warum sich ihre Außenbespannung (auf englisch *skin*, »Haut«, wie es in der Beschreibung der Beweisstücke heißt) nach außen aufgeworfen hat, und die aufgerissenen Reihen von Nieten, ob sie nun aufgrund der Geschwindigkeit während des Falls oder des Unterdrucks infolge eines Gewitters aufgerissen sind. »Hier ist 870, guten Abend, Rom«, »Guten Abend, 870, halten Sie Flugfläche 290, rufen Sie auf *Ambra 13* Alpha«, »Ja, hören Sie, funktioniert Ponza auch nicht?« »Bitte?« »Heute abend ist alles ein einziger Friedhof, ab Florenz gab es so gut wie kein funktionierendes Funkfeuer«, »Es gibt tatsächlich Schwierigkeiten, auch in Ponza. Welchen Kurs halten Sie?« »Wir halten 195«, »Ist gut, halten, Sie werden ein paar Meilen südlich an Ponza vorbeifliegen«, »Gut, danke«, »195 können Sie jedoch nur noch gut zwanzig Meilen halten, es gibt starken Westwind, auf Ihrer Flugfläche müßte er ungefähr 100 bis 120 Knoten betragen«, »Ja, wir haben auch schon nachgerechnet, das dürfte ungefähr hinkommen.« Der Rahmen der Toilettentür weiß, was ihn so flachgedrückt hat, ob es eine Stoßwelle war, als das Flugzeug noch flog, oder das Höhenruder, das im Moment des Aufpralls auf die Wasseroberfläche den Rumpf durchbohrte und alles flachdrückte, was sich ihm in den Weg stellte, der Teppich Nummer fünf weiß, warum er zerrissen ist, jedes Stück Metall oder Plastik oder Stoff weiß, von welchem

Ding, welchem Splitter es genau so beschädigt worden ist und wessen Teil dieser Splitter ist. »Hier ist 870, können wir ... auf Flugfläche 250 sinken?«, »Positiv, Sie können sofort sinken«, »Danke, wir verlassen 290.« Die Tigi kamen nicht alle gleichzeitig hoch, sondern der Reihe nach, in einem Abstand von Jahren (ob sich die Teile, die unten blieben, in der Zwischenzeit verlassen vorkamen?), zuerst das Cockpit, in das das Bugfahrgestell gerammt war, dann die rechte Tragfläche, das linke Düsentriebwerk, Teile des Rumpfes, die vordere Kabinentür, ein paar Schotten des Gepäckraumes, der *voice recorder*, Sitze, Schwimmwesten, kleine und noch kleinere Bruchstücke. So erstand das Flugzeug im Hangar aufs neue, die Kisten, die ankamen, wurden der Reihe nach geöffnet, die Teile wurden auf dem Betonboden ausgebreitet, die Beweisstücke identifiziert, der große Strunk des Hecks wurde auf das Gerüst montiert, beim Rumpf begann man mit den Rippen und den Holmen, wie beim erstenmal in der Fabrik, »Itavia, Sie haben Ponza ungefähr drei Meilen rechter Hand überflogen, beinahe in Ordnung für Weiterflug nach Palermo«, »Sehr freundlich, danke, wir sind fast auf 250«, »Perfekt, 870, melden Sie sich, sobald Sie das Funkfeuer von Palermo erreichen«, »Ja, Papa Alfa Lima liegt an, ist in Ordnung. Und wir haben DME von Ponza«, »Perfekt, dann normale Navigation für Palermo. Halten Sie 250, rufen Sie auf Alpha.« Wer weiß, welche Gefühle diejenigen, die diese Arbeit machten, unterdrücken mußten (und was für ein bescheidener Trost der Gedanke gewesen sein muß, daß Arbeit Arbeit ist oder daß sie in gewisser Weise dafür arbeiteten, die »Wahrheit« herauszufinden), jedes Beweisstück war mit einem Kärtchen versehen, die Wartungshandbücher und die

Konstruktionspläne halfen, es dort zu befestigen, wo es hingehörte, und am Anfang hing jedes Teil, mit so einem Kärtchen versehen, am Gerüst neben den Leerstellen, wo die noch fehlenden Stücke hingehörten, und je mehr das Flugzeug Gestalt annahm, desto besser konnte man erkennen, was noch fehlte und was bereits da war, wo es mehr beschädigt war und wo weniger, man konnte das Flugzeug lesen wie einen fragmentarischen Text, jedes Teil trug zur Interpretation dessen bei, wie sich der Vorfall ereignet haben könnte, die rechte Seitenwand hatte viel mehr abbekommen als die linke, das Metall war nicht einmal an den Bruchstellen angerostet, die Farben der Fluglinie schienen frisch zu sein, sogar die schwarzen Flecken von den Auspuffgasen waren noch da; allerdings paßten die Stücke nicht mehr zusammen, denn jedes einzelne war von seiner Geschichte beziehungsweise seiner Deformation gezeichnet. »870 ist auf Alfa«, »Positiv, leicht nach rechts versetzt ... sagen wir ... um vier Meilen. Radardienst beendet. Rufen Sie Roma Aerovie auf 128.8«, »Danke für alles, guten Abend«, »Guten Abend, 870.« Und als die Teile wieder zusammengefügt waren, als sie sich nach Jahren der Trennung und meilenweiter Entfernung wieder gefunden hatten, ließ sich mit bloßem Auge nicht sofort erkennen, was vorgefallen war, auch wenn jedes Teil seine Erinnerung an den Vorfall bewahrte, denn so wie das Flugzeug jetzt dalag, war es nicht am Meeresgrund gelegen, man begann anhand der Anordnung der Teile, der Position des Wracks zu lesen und zu interpretieren, entweder war das Flugzeug im Flug zerborsten, und jedes Teil hatte seine eigene Flugbahn beschrieben, von fünfundzwanzigtausend Fuß auf Null, oder es war mit stehenden Triebwerken gesunken und beim Aufprall zerschellt, so daß der Aufprall und nichts anderes die einzelnen Wunden verursacht hatte, und die Strömungen der Luft und des Meeres hatten die Teile abgetrieben. »Rom, guten Abend, hier ist Itavia 870«, »Guten Abend, Itavia 870, kommen«, »Hundertfünfzehn Meilen vor Papa Romeo Sierra, Flugfläche 250«, »Roger, Itavia 870, wann sind Sie schätzungsweise in Raisi?«, »Raisi ungefähr in 13 Minuten«, »870 verstanden, Freigabe für Raisi VOR, keine Verspätung vorgesehen. Melden Sie sich vor dem Sinken«, »Verstanden and over, 870.« Vielleicht aus Gründen der Pietät wurden die Sitze nicht wieder montiert, das Innere des Flugzeugs bestand aus Bohlen, die man über das Gerüst des ursprünglichen Bodens gelegt hatte, soweit er sich noch rekonstruieren ließ, und darüber lag der Läufer und über allem jener Tunnel, der aus dem vorne und hinten eingedrückten und offenstehenden Rumpf bestand. »Itavia 870, wenn bereit, Freigabe für 110. Rufen Sie, wenn Sie 250 verlassen und 150 durchqueren ... Itavia 870?« Hin und wieder versammelten sich im Hangar Angehörige um die Tigi, die ihren Schmerz bekundeten oder sich überzeugen wollten, daß etwas unternommen wurde, damit sie Gerechtigkeit erfuhren oder die Wahrheit zutage gebracht wurde, und bei diesen Gelegenheiten wurden die Tigi, die anfangs ein Linienflugzeug gewesen waren, dann in tausend Trümmer zerbrachen, aus dem Wasser gefischt und erneut zu einem Flugzeug zusammengesetzt wurden, zu einem Grabmal; für jemanden, der diese Szene hätte beobachten können, ohne seine Geschichte zu kennen, für jemanden, der die armen Menschen hätte sehen können, die sich in einem Hangar um ein in einzelne Stücke zerbrochenes Flugzeug versammelten, wäre es ein schmerzlicher und nicht zu verstehender Anblick gewesen, und bei solchen Anlässen gingen im Inneren des Flugzeugs nicht Sachverständige über die Bohlen, sondern Carabinieri, Amtspersonen und ein paar Fotografen. »Itavia 870, verstehen Sie …?« Mit der Zeit kamen auch die letzten Teile zum Vorschein, das letzte Bruchstück eines Holms, das letzte Stück eines Stringers, der letzte Fetzen der genieteten Haut, die Tigi waren fast vollständig wiedervereint, fast. Und wann geht es weiter? »Itavia 870, hier ist Rom, verstehen Sie …?« Der *flight recorder* tauchte auf und die letzte Schwimmweste, die letzte Sauerstoffmaske und der Rahmen der Vordertür mit einem Fenster des Cockpits, eine Treibstoffpumpe und ein Träger samt Haut und Nieten, ein Pilotensitz, eine Luke mit Türknauf, »Itavia 870, Rom …? Itavia 870, hier Rom, verstehen Sie …?«, und ein Sicherungskasten und drei Ölschläuche, eine zerquetschte Leitung, ein Instrumententeil, ein Hebel mit Feder, ein Pilotensitz samt Gurt, »Itavia 870, verstehen Sie …? Itavia 870, hier ist Rom, verstehen Sie …?«, ein Stück himmelblauen Blechs samt Instrument, ein Stück der Tragfläche mit Ventil und Schläuchen, und ein schwarzer elektronischer Sicherungskasten, ein Bullauge aus Plexiglas, ein Stück des Rumpfes mit der Aufschrift »Douglas«, ein schwarzes Gehäuse mit Leitungsanschluß, ein graugrüner Behälter mit elektrischen Anschlüssen, »Air Malta 758, this is Rome control«, »Rome go ahead«, »Air Malta 758, please try to call for us, try to call for us, Itavia 870, please«, »Roger, Sir … Itavia 870 … Itavia 870, this is Air Malta charter 758, do you read? … Itavia 870, this is Air Malta charter 758, do you read … do you read …? Rome, negative contact with Itavia 870«, noch zwei Fenster mit der Öffnung für den Notausgang, die Leuchttafel mit der Aufschrift »emergency exit«, ein letztes, rotlackiertes Stück des Rumpfes, ein weiteres, weißes Stück des Rumpfes mit blauer Innenseite, die sich nach außen gestülpt hatte, ein verschmorter Transformator mit Kabel, ein Bruchstück der *deicing line*, ein paar Seiten des Handbuchs, ein aufgrund der Reibung abgeschürftes Stück der Außenhaut, ein Instrument ohne Zifferblatt, »Itavia 870, Itavia 870, this is Rome control, do you read …? Itavia 870, Itavia 870, Rome control, do you read …?«, ein Höhenruder mit statischem Ableiter, das Stück eines Y-förmigen Lüftungsschlauches, ein Fenster des Rumpfes, der Rahmen eines Kugellagers, die hintere Treppe, die Spitze der linken Tragfläche, eine weiße Trennwand, ein Elektrogehäuse mit Klappe, Holmen und Trägern, die Kochnische, ein Stück des Rumpfes mit WC-Spülung, ein *toilet seat*, »Air Malta, this is Rome«, »Rome go ahead, this is Air Malta«, »O.k., Sir, we have Itavia 870 unreported inbound Palermo, please, please try to call for us Itavia 870, try to call for us Itavia 870«, »Alitalia 870«, »Itavia, Sir, Itavia 870«, »Roger … Itavia 870, Itavia 870, this is Air Malta. Do you read….? Itavia 870, do you read … do you read?«)

Do you read?

Doppelter Start im Morgengrauen

Alle sind sich einig, daß es ein wunderschöner Julitag war, ein Tag, der den Krieg vergessen machte, das Meer und die Sonne über Bastia zur Rechten, die Hügelkette zur Linken und in der Mitte die Piste mit dem kurzgeschnittenen Rasen, satt gelb und duftend. Nachdem er die Kabinenhaube geschlossen hatte, rutschte Oberleutnant Duriez über die Tragfläche, Antoine de Saint-Exupéry nahm Funkverbindung auf und sagte: *Colgate from Dress down number six, may I taxi and take off?* Da er aus einer Zeit stammte, in der es noch keinen Funk gab, benutzte er ihn ungern. Und er sprach auch nicht gern englisch, er kam gerade von einem Aufenthalt in Amerika zurück, wo er sich für den großen Erfolg seiner Bücher nur auf französisch bedankt hatte. An jenem Morgen befand er sich in Korsika, und er hätte mit vollem Recht seine Sprache sprechen können, aber das Flugzeug, mit dem er gleich starten würde, war ein amerikanisches, und auch die Staffel bestand zur Hälfte aus Amerikanern und zur anderen Hälfte aus Franzosen, den überlebenden Mitgliedern der *Groupe II/33 de Grande Reconnaissance*, der großen Aufklärungseinheit, und einigen Piloten aus den Staaten, auch die Männer von der *camera repair* waren dabei. Ebenso waren die Lotsen Amerikaner, und die Kennung für die Bodenstation hieß *Colgate*, wie die Zahnpasta. Colgate von Dress down Nummer sechs, erbitte Rollen und Startfreigabe. Es war der einzige Morgen, an dem Gavoille, Kommandant René Gavoille, den er im *Flug nach Arras* als das Beste beschrieb, das Frankreich zu bieten hatte, nicht da war, um ihm den feuerfesten Anzug anzuziehen, ihn in die Kanzel zu stecken wie einen Bären in eine Dose, die Gurte festzuschnallen, Sauerstoffflasche, Revolver und Auslöser der Fotoapparate im Bauch des Flugzeugs zu überprüfen und ihm letzte Ratschläge zu erteilen. Als Gavoille zwei Stunden später am Flughafen ankam, war er enttäuscht, daß Saint-Exupéry diesen kleinen Verrat an ihm begangen hatte und in seiner Abwesenheit gestartet war, nach weiteren zwei Stunden jedoch bedauerte er, daß er nicht seinerseits einen kleinen Verrat an ihm begangen hatte, einen Verrat, der bereits mit dem amerikanischen Kommando für jenen Morgen vereinbart war: er hätte ihm ein wichtiges Geheimnis offenbaren wollen, nämlich das Datum der Landung in der Provence, so daß er laut Vorschrift keine Einsätze mehr hätte fliegen dürfen aufgrund der Gefahr, gefangengenommen zu werden und Informationen preiszugeben. Aber wie hätte Gavoille das anstellen sollen? Der andere hätte nicht zugehört, hätte protestiert, Gavoille erinnerte sich sehr gut, wie sie einige Nächte davor miteinander geweint hatten und Saint-Exupéry ihn beschworen hatte, weiterfliegen zu dürfen, und schließlich hatte er ihm sein umfangreiches Manuskript der *Stadt in der Wüste* anvertraut, aus dem er vor Jahren Benjamin Crémieux und Drieu la Rochelle ein paar Seiten vorgelesen hatte. *O. k. number six, cleared for taxi and take off*, sagte der Controller. Der Flieger Charles Suty, ein Junge, der nach Nordafrika geflohen und sich freiwillig bei der II/33 gemeldet hatte, um nicht vom Vichy-Regime rekrutiert zu werden, entfernte die Bremsblöcke vor dem Fahrgestell. Saint-Exupéry ließ die Bremsen los, setzte volle Leistung. Das

Flugzeug bewegte sich, auch die Hügel und das Meer vor Bastia bewegten sich, die Piste bewegte sich, und Antoine de Saint-Exupéry, Tonio, Saint-Ex, löste zum letztenmal seinen Schatten von dieser Erde.

0715, Kurs 243°, 7000 Fuß, Dunst.

Was nun folgt, ist die kurze Reise durch eine lange Geschichte, die Geschichte handelt vom Fliegen, vom Erzählen und von der Kindheit, aber auch von einer philosophischen und politischen Leidenschaft für das Miteinander mit anderen und das Verankertsein auf der Erde, von ein paar Männern aus den dreißiger und vierziger Jahren, von denen einige noch am Leben sind, vom Geheimnis eines Schriftstellers, der wahrscheinlich ins Meer gestürzt ist, und dem alles entscheidenden Zufall. Die Reise, meine Reise, könnte hier beginnen, siebentausend Fuß über dem Podelta, ein leichter Wind versetzt kaum merklich die Nase meines Flugzeugs, Südwind, ein Schirokko, der so zurückhaltend und gutmütig ist, daß ihn nur die elektronischen Geräte und die Kompasse zur Kenntnis nehmen, hin und wieder zeigen sie ein paar Grad Abweichung vom Kurs an, die rasch zunehmen, bis ein Tritt ins Pedal sie wieder auf die festgelegte – oder vorsichtshalber etwas niedrigere – Zahl reduziert. Der kontrollierende Blick über deine Instrumente unterscheidet sich nicht von dem Kontrollgang eines Butlers, der vor Hereinbrechen der Nacht einen letzten Blick in alle Zimmer wirft. Da ich dieser Butler bin, fällt es mir schwer, im Fliegen etwas Heroisches oder Mystisches zu sehen, das Fliegen ist bloß eine Wissenschaft des Tuns, der Korrektheit und des Fehlers, der Position und des

Verhaltens. Zumindest heute, vielleicht war es einmal anders, als Antoine de Saint-Exupéry die Post nach Patagonien transportierte und nachts die Anden überquerte oder als er Flughafenvorsteher der Aeropostale in Juby in der Sahara war oder Kampfpilot in Arras oder Grenoble, das waren andere Zeiten, heroische Zeiten, heute gäbe es keinen Anlaß mehr für ein solches Heldentum und zum Glück auch nicht für jene Sprache, die er manchmal benutzte. An diesem Julimorgen geht niemand freiwillig ein Risiko ein, ganz im Gegenteil, ich mache meine Sache ordentlich, bis die Cessna 172, deren Butler ich bin, ruhig den Kurs *Red* 22 entlanggleitet. Wenn es eine Schiffsreise wäre, würde ich vom Schiff und den Wellen sprechen, ginge ich zu Fuß wie als Kind, erzählte ich von den Schuhen, der Mühsal und der Landschaft, aber die Poebene, die nach dem Start und nach Verlassen der Lagune unter mir liegt, ist nicht zu sehen und befindet sich unter einer mangofarbenen, gallertartigen Masse, die sie zudeckt, ein hoher und undurchdringlicher Horizont aus Wärmedunst, und im Augenblick geschieht auf meiner Reise nichts anderes, als daß ich die Instrumente so zärtlich berühre, als würde ich ein Bild an der Wand geraderücken, nachdem ich es eben abgestaubt habe. Ich beschäftige mich mit dem VOR von Chioggia, das hinter mir liegt, dem VOR von Bologna vor mir, dem ADF über Ferrara, dem LORAN, das drei Stationen im Mittelmeer abfragt und eigenständig Position und Kurs berechnet, dem DME, das die Entfernungen zu allen Orten und Meldepunkten mißt, die ich nicht sehen kann, dem Transponder, den Kreiselkompassen, der Anzeige der Steiggeschwindigkeit und den Höhenmessern, mit einem Wort, in dem Haus, um das ich mich kümmere, gibt es eine Menge Zimmer. Auch wenn dieses ganze Instrumentarium, das in ein paar Jahren bereits veraltet sein wird, plötzlich aufgrund einer Panne ausfiele, gäbe es immer noch den baumelnden und mitreisenden Flüssigkeitskompaß, der sich im Cockpit jedes Flugzeugs, vom größten bis zum kleinsten, befindet. Der Umgang mit Kompaß und Uhr wurde mir vor Jahren beigebracht, bevor ich ins Ramajana der Elektronik eingeweiht wurde; und Bruno, der mir das alles beigebracht hat, sitzt hier neben mir am zweiten Steuerknüppel. Bruno ist inzwischen pensioniert, ein Begriff, den niemand in seiner Gegenwart aussprechen darf; er ist bereit, mich auf langen Flügen zu begleiten, unser Umgang ist freundlicher geworden, das ist das unsichtbare Werk der Jahre, aber das Verhältnis hat sich nicht verändert. Die Brille auf der Nase wie eine Katze im Märchen, hält er auf dem Schoß die Flugsicherungskarte, auf der die erste Teilstrecke des Flugs nach Alghero verzeichnet ist. Die Karte liegt gefaltet zwischen den Seiten eines Buches, in dem sich Fotos der Staffel II/33 und von Saint-Exupéry befinden, die im Frühjahr vierundvierzig in Alghero gemacht wurden. Hin und wieder blickt Bruno von der Karte und den Fotos auf und schaut über den Rand seiner Brille, einer von jenen Blicken, die früher meine Besorgnis mehr erregten als die Situationen, in die ich mich brachte, dann widmet er sich wieder den Fotos. Vor allem die *P 38 Lightning* interessiert ihn, jenes Flugzeug, mit dem Saint-Exupéry verschwunden war: was für eine Maschine, ruft er aus, wie zwei an den Tragflächen zusammengeschweißte *Mustangs*, und er unterstreicht seine Vorstellung mit einer trockenen Geste. Alles auf diesem Flug verläuft normal.

0810, Kurs 201°, 8500 Fuß. Ceiling and visibility OK.

Fast von einem Augenblick zum anderen wurde über dem Apennin der Horizont sichtbar, zuerst tauchte auf dem Gipfel des Monte Croce mitten im Wald ein kleiner Kreis von Antennen auf, deren Signalen ich bis hierher gefolgt war, dann der Rest der Landschaft, die ganz allmählich an die Oberfläche trat wie eine tiefere Bedeutung. Jetzt sind *Ginar* und *Marel* nicht mehr nur virtuelle Meldepunkte, sondern stimmen mit der Krümmung eines Flusses überein, mit der Ausdehnung einer Ebene, mit der Peripherie einer jener Städte, die zum Meer hin immer zahlreicher werden, Empoli? Pontedera?, wer weiß, das Meer ist bereits in Sichtweite, und mit dem Meer die Insel Elba. Wir fliegen entlang *Ambra 12,* aber über das imaginäre Konstrukt gerader Linien, Dreiecke und Radiale, aus denen der Luftkorridor besteht, hat sich das reale Profil der Landschaft gelegt, eine sich windende und chaotische Abfolge von Feldern, Flußläufen, die auf Mündungen zueilen, und kleinen Erhebungen, fast als wäre die Landschaft der Beweis für eine im Geist aufgestellte Hypothese. Bei jedem Pflichtmeldepunkt spreche ich mit der Flugsicherung, sieben waren es bisher, und die Lotsen waren immer freundlich, mit allen habe ich, wie es sich gehört, rasch ein paar professionelle Worte gewechselt, die ein Maximum an Dichte aufwiesen. Zur Zeit Saint-Exupérys wurden die Nachrichten gemorst, der Funker transkribierte und überreichte dem Piloten einen Zettel mit wenigen wesentlichen Stichworten, und etwas von dieser Verdichtung ist auch in seinen Büchern vorhanden, in den kurzen, leicht apodiktischen und sehr intensiven Sätzen, die sich um Tatsachen drehen, als ob sie ein Knochengerüst wären, das nicht beschrieben werden muß, weil es weder notwendig ist noch Zeit dafür blieb (im übrigen ereignen sich die Tatsachen beim Fliegen wirklich in wenigen Augenblicken). Die Tatsache strahlte die Energie von Gefühlen aus, die ihr vorausgingen und ihr folgten, Angst, Euphorie, Konfliktbewußtsein; die Tatsache vereinte die Freiheit mit der Verantwortung. Diese Verbindung fiel André Gide auf, der in seinem Vorwort zur französischen Ausgabe von *Nachtflug* schrieb: Hier liegt eine paradoxe Wahrheit, der Mensch findet sein Glück nicht in der Freiheit, sondern in der Annahme einer Pflicht.

Das Fliegen lieferte ihm Personen und Geschichten, aber auch die ersten Begriffe eines komplexen Gedankengebäudes, das er im Lauf der Jahre entwickelte und das einige Widersprüche aufwies. Der erste Baustein war ebenjene Freiheit als Verantwortung. Und diese Verantwortung spürte er auch an jenem Abend 1927, als ihm Didier Daurat, der unerschütterliche Direktor der Fluggesellschaft Latécoère, verkündete, er müsse am nächsten Tag seinen ersten Postflug von Toulouse nach Casablanca antreten. Die Verantwortung war ein beängstigendes und berauschendes Gefühl, deren höchstes Ziel es war, die Post zu transportieren. Mit der Zeit wurde es die Verantwortung und Freiheit jener, die sich für eine Fluglinie oder die Wüste entschieden, so wie »andere den Schleier nahmen«. Außer ihm waren da noch Guillaumet und Mermoz, Piloten in einer Zeit, in der die Meteorologie Wahrsagerei war, Motoren ohne Vorwarnung abstarben – man hörte das Geräusch von brechendem Porzellan, und die Propeller blieben stehen –, in der es noch keine Flugkarten gab, und die ungeschriebene Regel, die von Mund zu Mund ging und die der Flughafenleiter Saint-Exupéry am Abend vor seinem ersten Postflug auf den Weg mitgab, lautete: Es ist sehr schön, in Spanien mit dem Kompaß zu navigieren, sehr elegant, aber erinnern Sie sich, unterhalb des Wolkenmeeres ist nur die Ewigkeit.

Auf Anweisung der Flugsicherung wechseln wir die Höhe, man verlangt von uns, von 8500 auf 6500 Fuß zu sinken, und ich betrachte die Siedlungen entlang der toskanischen Küste bis zur Landzunge von Piombino und zeige Bruno die Insel Elba, die dahinter liegt. Von wo aus »sehen« wir die Orte, wenn wir sie benennen, aus welchem Blickwinkel können wir von Palermo sprechen, von Sassari, Ancona, Ventimiglia oder Buenos Aires? Welches Bild geht einem in dem winzigen Sekundenbruchteil durch den Kopf zwischen dem Gedanken an die Stadt und dem Wort, mit dem man sie benennt? War es eine Stadt, die ich kannte, tauchte das Bild einer Straße oder eines Hauses auf, ein Gefühl, das mit einer Begegnung verbunden war, oder das Bedauern, niemandem begegnet zu sein. Für gewöhnlich stellte ich mir die Städte innerhalb der Region vor, der sie angehörten, innerhalb der politischen Grenzen eines Staates, eingeschlossen auf einem Kontinent, ich benannte sie aus der Sicht der geographischen Karte. Beim Fliegen tritt die Geographie jedoch in eine andere Dimension ein, es besteht fast kein Unterschied mehr zwischen der Karte, die gefaltet auf dem Kniebrett vor mir liegt, und dem, was ich draußen sehen kann, die Geographie ist nicht länger Beschreibung der Erde, sondern die Erde selbst, die man erlebt, indem man sie überquert.

Ein profunderes Verantwortungsgefühl – nicht die

Post, sondern die Heimat – war der Grund für Saint-Exupéry, wieder in die Staffel II/33 aufgenommen werden zu wollen, mit der er bereits in Frankreich in der *drôle de guerre* gekämpft hatte und die nach der Niederlage nach Algier verlegt worden war. Er war jetzt dreiundvierzig, zu alt für die *Lightning*, und eine Einweisung auf diese Maschine hätte bedeutet, von vorne anzufangen. Die Luftaufklärung war eine komplizierte Disziplin, ein Einsatz galt nur dann als abgeschlossen, wenn man mit Fotos nach Hause kam, der wahre Schlag wurde dem Feind in der Dunkelkammer, im Entwicklungsbad, versetzt. Er beteiligte sich, soweit man es ihm gestattete, und er sagte: Wenn ich an diesem Krieg nicht teilnehmen kann, wie soll ich dann von meinem Vaterland sprechen? Jeder bekommt, was er will, er erhielt seinen ersten Einsatz im Süden Frankreichs; als er bei seinem zweiten von Algier zurückkam, schoß er über die Landebahn hinaus und landete in einem Weinberg. Die Amerikaner nahmen ihm das Flugzeug weg.

0900, Kurs 201°, 4500 Fuß. Ceiling and visibility OK.

Die Insel Montecristo ist vor geraumer Zeit linker Hand vorbeigezogen, wir befinden uns über offener See im vollen Sonnenlicht, hundertfünfzehn Meilen übers Meer mit nur zwei Meldepunkten, *Bekos* und *Tallin*, die nur die Elektronik ausmachen kann in dem unveränderlichen und homogenen Blau, über das kleine Schiffe mit weißem Schweif hinwegziehen. Nach wie vor italienische Hoheitsgewässer, aber Bruno streitet sich bereits mit dem leistungsstarken französischen Sender in Solenzara auf Korsika, wem die Sperrzone, die wir überqueren, praktisch dieser ganze Teil des Tyrrhenischen Meeres, gehört; er streitet so, wie es das Verfahren vorsieht, das heißt, nur ein bestimmter Tonfall der Stimmen, seiner und der des Lotsen, läßt darauf schließen, daß es sich um einen Streit handelt. Ansonsten führt jeder seine Argumente ins Feld: die Zone ist ein militärisches Sperrgebiet, entweder übersteige ich die Dienstgipfelhöhe dieses Flugzeugs, oder ich nehme einen freien Luftkorridor vor der korsischen Küste (»vor Ihrem Zuhause«, wie Bruno sagt, als er das Mikrofon abstellt), würde aber einen zu großen Umweg machen. Der Lotse wiederholt, was ich bereits am Flughafen vor dem Start im AIP gelesen hatte, »die Sperrzone ist an Wochentagen vom Morgengrauen bis zur Dämmerung für den Zivilverkehr geschlossen«, Bruno antwortet, einverstanden, und ich halte unverändert meinen Kurs. Solange es keine Probleme gibt, das heißt, solange Solenzara nicht zurückruft, funktioniert es für gewöhnlich so: die Flugsicherungsleute sagen, was sie sagen müssen, und wir antworten, was wir antworten müssen, dann fliege ich geradeaus weiter, quer übers Meer bis nach Olbia. Auch beim Fliegen gibt es Haarspaltereien.

Ein hervorragender Pilot, der das Fliegen instinktiv beherrschte, aber zuweilen unzuverlässig und zerstreut. So beurteilten ihn alle seine Kommandanten, Daurat in der Zeit der Aeropostale, Alias, als Saint-Exupéry Kriegspilot in Arras war, und Gavoille in den letzten Monaten in Alghero und Bastia. Mit zehn Jahren erster Start mit einem Fahrrad und einem Laken, Start abgebrochen. Mit zwanzig stürzte er in Bourges mit einer *Hanriot HD 14* ab, die er sich unerlaubterweise ausgeliehen hatte. Mit dreiunddreißig überschlug er sich mit einem Wasserflugzeug in der Bucht von Saint-Raphaël, er arbeitete dort als Testpilot, eine Disziplin, die überhaupt nicht zu ihm paßte, und anstatt mit dem hinteren Ende der Schwimmer aufzusetzen, berührte er das Wasser im Horizontalflug mit leicht gesenkter Schnauze, weshalb er abstürzte und fast ertrank. Bei einem anderen Laté-Wasserflugzeug brach ihm in der Luft die Kabinenhaube ab, die er vergessen hatte zu verriegeln. Als er mit fünfunddreißig Jahren am Rennen Paris–Saigon teilnahm, wofür er sich schlecht und nur im letzten Moment vorbereitet hatte, um dabei hundertfünfzigtausend Francs zu verdienen, glaubte er in der Nacht, sich über Kairo zu befinden, er durchstieß die Wolken und suchte das Meer, und als sich die *Caudron Simoun* mit zweihundertsiebzig Stundenkilometern in den Sand bohrte, suchte er es noch immer. Er und sein Bordmechaniker Prévot entstiegen dem Flugzeug unverletzt, saßen jedoch mitten in der Wüste fest; drei Tage später wurden sie von einem Herrn namens Emile Raccaud aufgelesen, dem Direktor eines abgelegenen Werks der Egyptian Salt & Soda Co. Ltd. Mit achtunddreißig Jahren nimmt er am Rennen New York–Feuerland teil, unsinnigerweise, weil es dafür keinen Preis gab, und landet in Guatemala. Nicht auf einem Flughafen, sondern auf einem Grasstreifen mit einer Zapfsäule. In irgendeiner Sprache macht er sich dem Tankwart verständlich und erhält Benzin, vergißt aber zu berechnen, wieviel er tankt beziehungsweise um wieviel schwerer das Flugzeug nun ist. Er erkundigt sich bei ihm noch nach der günstigsten Startposition, dann biegt er auf die extrem kurze Piste ein und fährt bis an ihr Ende, wo sich die *Caudron Simoun* ein paar Sekunden in der Luft hält und anschließend am Boden zerschellt. Nach diesem Unfall, der ausnahmsweise nicht glimpflich verlief, kletterte Prévot mit gebrochenem Bein aus dem Wrack, und Saint-Exupéry hatte einen gebrochenen Kiefer, Verletzungen am ganzen Körper und ein gebrochenes Schlüsselbein, weshalb er für den Rest seines Lebens an einer steifen Schulter litt. Aufgrund dieser alten Verletzung hätte er auch Jahre später nicht mit dem Fallschirm aus der *Lightning* abspringen können, außer er wäre in Rückenlage gegangen, hätte die Kuppel geöffnet und sich herausfallen lassen.

Dennoch war er ein außergewöhnlicher Pilot, so etwas kam eben vor in jener Zeit, bei solchen Einsätzen und solchen Flugzeugen. Er war zerstreut, nach dem Start war er mit seinen Gedanken woanders, manche Strecken waren lang und eintönig, er machte sich Notizen, auch am Morgen seines letzten Flugs hatte er einen kleinen Notizblock dabei, den er sich an den Schenkel gebunden hatte. *»Pourquoi risquons-nous si facilement notre vie pour acheminer des lettres?«* fragte er die anderen Piloten in Cap Juby, ohne eine Antwort zu erwarten, aber er wollte wissen, ob sie sich der Unverhältnismäßigkeit bewußt waren. Warum riskieren wir unser Leben wegen ein paar Briefen? Er war ein ausgezeichneter Pilot, aber nicht wie Mermoz, auch nicht wie Guillaumet, sein Vorbild Guillaumet, der die Anden dreihundertdreiundachtzigmal überquert hatte und einmal abgestürzt war und inmitten der Gipfel auf einem Gletscher fünf Tage lang überlebt hatte, er, der schließlich dann doch anfing zu marschieren, um in freies Gelände zu kommen, damit man seine Leiche fände und seine Frau die Versicherungssumme erhielte. Als Guillaumet viele Jahre später im Mittelmeer starb, schrieb Saint-Exupéry: Ich bin vom gleichen Schlag wie Guillaumet.

0945, Alghero Fertilia, Piste 03-21. Wind aus 160°, 6 Knoten.

Vor uns landete ein anderes Flugzeug, eine DC 9, die in der Landereihenfolge vor uns lag und am anderen Ende der Platzrunde gut zu sehen war, dann war ich dran. Es ist immer wieder ein schöner Augenblick, beinahe Gleitflug, Fahrgestell raus, Landeklappen voll ausfahren, die Perspektive wird langsam flacher und gewinnt ihre Normalität zurück, dann über der Piste den Steuerknüppel sanft durchziehen und das Warten, das Warten, daß einen die Erde wieder aufnimmt. Ich sollte erzählen, wie wir am Militärstützpunkt von Alghero empfangen wurden, von der Freundlichkeit eines Piloten, eines Obersts, von seinem angenehmen Büro, wie er und sein Major verblüfft die Fotos betrachteten, die vor fünfzig Jahren dort aufgenommen worden waren, und sich eine Geschichte anhörten, von der sie nichts wußten, wie sie jedoch den Hangar und die Baracken wiedererkannten, die noch immer entlang der Piste stehen, die genauso verläuft wie damals; wie der Offizier seinerseits die wechselvolle Geschichte des Stützpunkts rekonstruierte, der sofort nach dem Krieg aufgelassen und in den fünfziger Jahren wiedereröffnet wurde, wie Bruno, während wir zwischen den Hangars herumspazierten, auf ein paar alte, verstaubte und nicht mehr benutzte T 6 zeigte, amerikanische Zweisitzer, die zu Ausbildungszwecken verwendet wurden, und auf einer von ihnen war er genau hier in Alghero ausgebildet worden, ich sollte von der heißen Sonne erzählen, deren Licht durch die Strandkiefern schien und Preise und Erinnerungsstücke an lange zurückliegende Feste im Büro des Oberst beleuchtete, von den Zikaden draußen und von Bruno und den anderen, die sich über Flugzeuge und Freunde unterhielten aus vergangenen Tagen, gemeinsame Erinnerungen und Fragen über Fragen. Sie waren wie Matrosen, die sich in einem Hafen wiederbegegneten, Seefahrer; aber der Flieger ist nicht der Nachfahre des Seefahrers, er ist auch keine aktualisierte Version, das Flugzeug bewegt sich nicht über den Himmel wie das Schiff über das Meer. Jedes Schiff hatte sein eigenes Temperament, seine Seele und seine Geschichte, bei den Flugzeugen besitzt allenfalls der Typ, von dem Tausende von Exemplaren hergestellt werden, einen eigenen Charakter, und das ist das einzige, was man auf individuelle Weise kennenlernt und erfährt. Auch entstehen die Beziehungen zwischen denen, die fliegen, nicht an Bord, sondern auf der Erde, beim Gespräch über das Fliegen, auch fehlt im Flugzeug die Vielfalt der Besatzung, als Passagier ist man allein mit seinem Sitznachbarn, als Mitglied der Besatzung ist man einer von fünf oder sechs, und auch wenn es noch so viele sind, man ist immer viel zu beschäftigt. Das Flugzeug ist anders als das Schiff, auf dem der Moralkodex des Festlandes in ein autonomes und begrenztes Recht umgewandelt und auf extreme Weise auf die Probe gestellt wird, das Flugzeug hat nichts mehr vom Festland oder einem Haus an sich, in einem Schiff schläft man, ruht sich aus oder zettelt Meutereien an, es gibt die lange Zeit der Windstille, schwüle Tage, die man in einem Hafen verbringt, im Flugzeug dagegen hat sich keine der alltäglichen Gewohnheiten erhalten, die einzigen gültigen Regeln betreffen die Luft und die technische Handhabung. Man begeht Fehler, die jedoch fast immer technischer Art, selten moralischer Art sind. Damit die menschliche

Seele ihre Schattenseiten, ihre Niedrigkeit und Schlechtigkeit, offenbaren kann, braucht sie Platz und genügend Zeit, im Flugzeug gibt es von beiden viel zuwenig, mit einem Wort, während des Fliegens ist man vorübergehend vom Bösen in sich befreit, das angesichts der genau festgelegten Verfahren betroffen schweigt. Und selbst wenn man sich bemühte, seine schlechteste Seite hervorzukehren, ist man während des Fliegens unweigerlich zu einem gewissen Geistesadel verurteilt.

Genau diesen Weg schlug Saint-Exupéry ein. Mehr als die Tatsachen, die sich ereignen und so über das Schicksal verfügen, lagen ihm Handlungen am Herzen, denn in ihnen ist immer ein größerer Anteil an Absicht vorhanden. Seine Art zu handeln hatte nichts Vitalistisches an sich, ganz im Gegenteil, es waren anfangs oft sinnlose Handlungen, deren Notwendigkeit man erst entdecken oder erklären mußte: Sein Einsatz in Arras, von dem er im *Flug nach Arras* erzählt, war in einem bereits besiegten Frankreich ein vergebliches Unterfangen, aber er hatte ihm dazu gedient, von einem tief empfundenen Gefühl der Niederlage zu erzählen, das nicht nur die Niederlage der Franzosen betraf, sondern allgemein den Zusammenbruch menschlicher Beziehungen, den Zusammenbruch dessen, was den Menschen mit dem MENSCHEN, also dem, was ihn zum Menschen macht, verbindet und die menschliche Gemeinschaft erst ermöglicht. Im *Nachtflug* hatte er einen wahren Helden des Handelns beschrieben, aber nicht Fabien, der Pilot, geht das Risiko ein, verirrt sich und kommt um, sondern Rivière, der Flughafenleiter, einer, der nicht fliegt, der am Schreibtisch sitzt, der nicht selbst handelt, sondern über die Handlungen der anderen entscheidet, jede einzelne davon jedoch so angsterfüllt miterlebt, als würde er sie selbst ausführen. Das Handeln hatte nichts von oberflächlichem Abenteurertum an sich, der Mut war tatsächlich die letzte Tugend, die armseligste und eitelste. Seine Bücher handelten nicht nur von Flugzeugen, vom Posttransport und vom Krieg, sie sind auch ein Nachdenken über die Möglichkeit des Humanismus inmitten des zwanzigsten Jahrhunderts, ein Protest gegen die Auffassung des Kollektivismus als reine Addition von Individuen, eine metaphysische Suche nach dem Sein, das in der Solidarität mit allen anderen besteht. Das Handeln diente einzig und allein dazu, eine Bindung zwischen den Menschen herzustellen, es setzte Liebe frei, es war wie eine süße Wahrnehmung, die das Wesen der Tatsachen sichtbar macht und ihre Bedeutung begründet. Aufgrund seiner mystischen Auffassung dieser Bindung war er im Grunde ein religiöser Schriftsteller, obwohl er sich verbat, den Namen Gottes in den Mund zu nehmen, und nicht über die Formulierung der Frage hinausging. Das Ganze nicht ohne Rhetorik und in eindringlichen, aber vagen Formulierungen. Einmal sah ich das Foto eines Notizzettels, auf dem er zu Beginn des Jahres zweiundvierzig in Amerika einige Schlüsselbegriffe seiner *Stadt in der Wüste* aufgeschrieben hatte, wobei die Zeilen, die von einer zarten Schrift bedeckt waren, strahlenförmig aufeinander zuliefen, den Begriff des Nomadenhaften und des Seßhaften, den Begriff der Landschaft, die durch das Gehen entsteht, den Begriff der »wunderbaren Zusammenarbeit«, den Begriff der sterbenden Fragen, den Begriff der Steine und des Schweigens, den Begriff der Agentur Cook, den Begriff des nährenden Schweigens und der Langsamkeit, den Begriff der verrinnenden Zeit und der erfüllenden Zeit, den Begriff des Morgen, den Begriff des Eimers, der Haut und des Gebirges, den Begriff des Friedens, der Seligkeit ist, des Todes der Antworten und der Nichtversöhnung.

1630, Sichtflugverhältnisse, 1000 Fuß. 3/8 Altokumuluswolken mit Untergrenze bei 5000 Fuß.

Ich fliege tief, entlang der Küstenlinie Korsikas, die aussieht wie durchgepaust und von der ich mich nur entferne, um die kleinen Buchten hinter Bonifacio, den Golf von Santa Manza und den Golf von Porto Vecchio, quer übers Meer abzukürzen, dann folge ich wieder der Küste. Die Strecke entspricht dem Ufer mit seinen Häuschen und den Schiffen, das sich rasch nach innen und nach außen wölbt und ganz nah ist. Ohne Autopiloten fühle ich mich nicht so sehr als Butler, höchstens als einer, der am Fenster steht und die Aussicht genießt. Beim Oberst in Alghero war es spät geworden, und so lud ich Bruno ein, mit mir in der Bucht von Porto Conte Hummer und Meeresfrüchte zu essen. Vielleicht liegt es an der Unnatürlichkeit des Fliegens oder daran, daß man den Geistesadel ein wenig abmildern will, jedenfalls besteht eine merkwürdige Verbindung zwischen Fliegen und Essen, und mit Bruno endet es immer so. In Wirklichkeit habe ich ihn aber nach Porto Conte wegen eines anderen Essens mitgenommen, wegen eines Abschiedsessens, das dort vor fünfzig Jahren stattgefunden hatte. Eines Essens, das Saint-Exupéry und der Fotoreporter John Phillips vom *Life*-Magazin, der einen Tag später Alghero verließ, der Staffel II/33 gegeben hatten. Sie trafen sich in der kleinen Villa, in der Gavoille und die anderen Offiziere untergebracht waren. Die Bucht sah aus wie damals, karg und nur wenig besiedelt. Nach dem Essen fragte ich Bruno, ob er mir dabei helfen wolle, die Villa zu suchen, und es war komisch, ihn mit dem Buch in der Hand zwischen den Grasbüscheln herumlaufen zu sehen, so verschwitzt und konzentriert: er betrachtete die zwei Vorgebirge, die den Golf umschließen, er verglich sie mit dem Hintergrund auf den Fotos, sagte, weiter oben, etwas mehr rechts, nein, die ist es nicht. Er war mit großem Ernst bei der Sache, wie immer. Wenn man die Bilder jener kleinen Feier im Garten der Villa betrachtet, glaubt man, eine Truppe merkwürdiger Gentlemen vor sich zu haben, die sich an einen falschen Ort und in die falsche Zeit verirrt haben, mehrerer Sprachen mächtig, genauso poetisch und abgetakelt wie die *Lightning*, die sie flogen, und die Bordgeschütze und Maschinengewehre gegen Fotoapparate eingetauscht haben. Wer Saint-Exupéry aus dieser Zeit kannte oder noch aus seiner Zeit in der Sahara, erzählt von seinen Kunststücken, die er vollführte, wie er Klavier spielte und dabei zwei Orangen über die Tastatur rollen ließ, von den Schachspielen oder den Worträtseln und von den mathematischen Theoremen, mit denen er sich stundenlang beschäftigte; er las kaum literarische Bücher, verschlang jedoch Abhandlungen aller Art und Kuriositäten, die ihm die anderen Piloten von ihren Reisen mitbringen mußten. Das Ergebnis seiner Lektüre war immer irgendein physisches oder metaphysisches Experiment oder eine neue, improvisierte Zirkusnummer. Er dozierte nie, er schien auf das Ergebnis seiner Darlegungen mindestens genauso neugierig zu sein wie seine Zuhörer. Als er einmal in Alghero von einem Einsatz zurückkam, flog er den Flugplatz an, ohne das Fahrgestell ausgefahren zu haben, alle glaubten, es handle sich um eine Panne oder er habe es einfach vergessen, sie taten alles, um ihn zu warnen, schossen Leuchtraketen ab, ließen Krankenwagen und Löschwagen ausfahren, er wackelte in der Mitte der Piste mit den Tragflächen, zum Zeichen, daß es sich bloß um einen Scherz handelte, startete durch und kam beim nächstenmal mit ausgefahrenem Fahrgestell zurück.

Dank seiner methodischen Vorgehensweise fand Bruno schließlich die Villa, in der das Abschiedsessen stattgefunden hatte: sie war teilweise verändert, irgendwann neu gestrichen und dann verlassen worden. Ich liebe Museen, aber ich liebe auch Orte, die allem Anschein nach keine Geschichte haben oder an denen sich eine Geschichte ereignet hat, die keiner kennt oder an die sich niemand mehr erinnert. In meiner Kindheit gab es eine Menge solcher Häuser, die nach dem Krieg aufgelassen worden waren, sie wurden mit sicherem Gefühl für Raum und Form erbaut, das nach der Niederlage verlorenging, Häuser, in denen sich etwas ereignet hatte, ohne daß man wußte, was, stumme Häuser, die keine Möglichkeit mehr besaßen zu erzählen. Die »verdammt« waren, wie die Franzosen in einem schönen Bild ein Gebäude mit zugemauerten Türen und Fenstern bezeichnen.

Ach ja, ich fliege tief über der Küste, Bastia ist bereits in Sicht, der Lotse im Tower ist eine Frau, sie ist die einzige in ganz Korsika, die ein verständliches Fliegerenglisch spricht. Ich fliege Kurven. Ich bin glücklich. Nein, der Mythos hat damit nichts zu tun. Fliegen war eine Sache des Mythos, ehe es menschlich machbar wurde. Seit das Flugzeug erfunden ist, ist das Fliegen nur mehr mit einem wirklich verbunden, und das ist die Kindheit. Die

Piloten haben keine gefiederten Flügel, sie sind keine Engel und noch weniger Helden, sie sind erwachsene Kinder, Kinder, die ihr Kindsein trotz ihrer Reife bewahrt haben, gut erhalten in der unerschütterlichen Professionalität, die das Leben von ihnen verlangt, jedoch verbunden mit ihrer Kindheit wie mit dem Gummiband einer Steinschleuder, die ihnen aus der Tasche lugt. Ob zwischen Kindheit und Tod eine besondere Beziehung besteht, wüßte ich allerdings nicht zu sagen.

1545, tags darauf, Bastia Porretta, Landebahn 16–34. Windstille.

Wir befinden uns am Rollhalteort der Landebahn 16, Bastia Porretta. Den Wetterbericht lasse ich aus, denn er ist ein wenig kompliziert. Über das nordwestliche Mittelmeer ziehen unterschiedliche Arten von Wolken, deren Untergrenze auf verschiedenen Höhen liegt, aber es sieht besser aus als noch vor einigen Stunden. Wir warten auf die Freigabe zum Start. Gestern haben wir in Erbalunga übernachtet, wo die Piloten der II/33 während ihres Aufenthalts auf Korsika untergebracht waren. Ich begleitete Bruno auf einem Spaziergang am Meer, nach der Hitze des Tages wehte eine leichte, wohltuende Brise. Beim Abendessen in einer alten Hafenkneipe gestand er mir, wie sehr er mit dem Lokal und dem Wein zufrieden war, er war so zufrieden und auch ein wenig betrunken, daß er von seiner Frau erzählte, von seinen Töchtern und seinen Zukunftsplänen. Irgendwann veränderte sich sein Tonfall, er blickte sich um: Kannst du dir vorstellen, daß dieser Saint-Exupéry nicht hierher zum Essen kam, obwohl er gleich um die

Ecke wohnte? Ich begann zu lachen, ich sagte, ich wüßte es nicht, vielleicht ja, möglich, vielleicht saß er an diesem Tisch gegenüber den Fischerbooten, vielleicht rauchte er oder sah in die Nacht hinaus, wer weiß, was er dachte. Jetzt, am Rollhalteort der Landebahn 16, beobachtet Bruno den Kontrollturm, als ob man uns die Freigabe zum Start mit einer Geste und nicht über Funk geben würde. Heute morgen ging ich mit ihm zum alten Flugplatz von Borgo, der gut zehn Kilometer weiter nördlich liegt. Hinter einer Kaserne der Armée de Terre fanden wir zwischen der Lagune und dem Hügel die ehemalige Graspiste. Eine Graspiste unterscheidet sich nicht von einer Wiese, trotzdem kann man erkennen, daß es früher einmal eine Piste war. Wir gingen lange zu Fuß, wir schritten sie fast zur Gänze ab, im schwachen Licht der Sonne und in kühlerer Luft. Zwischen einzelnen Büscheln konnte man auf der Start- und Landebahn noch die Abzweigungen aus gestampfter Erde zu den Rollbahnen sehen. Auf einer Seite befand sich eine kleine Ruine aus Metall, ein offener und verrosteter Kontrollturm, auf dem noch Spuren der ursprünglich rotweißen Lackierung zu sehen waren.

»India Golf India Oscar Mike, Freigabe zum Start auf eins sechs. Nach dem Start Linkskurve!«

Nach dem Start ziehen wir eine große Kurve nach links, wir machen Höhe über dem Meer, um den Hügel zu überfliegen. Dann fliegen wir Kurs Nordwest. Am 31. Juli 1944 um ein Uhr mittags hatte Gavoille bereits alle alliierten Bodenfunkstellen im nördlichen Mittelmeer gerufen. Die, die mit Gavoille im Raum der Flugbetriebsleitung waren, erinnern sich, wie er sich hektisch nach Neuigkeiten erkundigte, und an die verharmlosenden Hypothesen, die er immer wieder aufstellte, um die Verspätung zu rechtfertigen. Schließlich war die maximale Reichweite der *Lightning*, die sich in Zeit umrechnen ließ, überschritten. Als Mermoz im Atlantik verschwunden war, hatte Saint-Exupéry über diese Art des Wartens gesagt: »Ich kenne nichts Tragischeres als die Verspätung. Ein Kamerad landet nicht zur vorgesehenen Zeit. Ein anderer, der ankommen oder sich per Funk ankündigen hätte sollen, bleibt stumm. Und wenn zehn Minuten vergangen sind, während deren man im normalen Leben nicht einmal den Eindruck gehabt hätte, gewartet zu haben, erstarrt plötzlich alles. Das Schicksal ist in Erscheinung getreten. Es hat die Menschen in seiner Macht. Ein Urteil ist über sie gesprochen worden. Das Schicksal hat bereits geurteilt, und wir halten den Atem an.« Gegen Abend schrieb jemand in das Logbuch der Staffel »*Non rentrée*«, nachdem er ein Paßbild von Saint-Exupéry auf die betreffende Seite geklebt hatte.

Was Gavoille an diesem Nachmittag nicht erfuhr, sollte er auch für den Rest seines Lebens nicht mehr in Erfahrung bringen, und mit ihm auch niemand sonst. Von allen Hypothesen erschien mir die von Gavoille am schlüssigsten, der sich mit der Zeit ein Bild des Geschehens machte und nie aufhörte, nach einer Erklärung zu suchen. Zuerst dachte er an einen Fehler in der Sauerstoffversorgung. Auf einer vorgegebenen Höhe öffneten die Piloten der *Lightning* die Sauerstoffflaschen und nahmen einen Mundvoll Luft aus Massachusetts oder Ohio, der nach Lack schmeckte. Saint-Exupéry, der groß und schwer war, verbrauchte mehr Luft als alle anderen, vielleicht hatte es Probleme gegeben, er hatte schon einmal vergessen, die Sauerstoffflasche zu öffnen, vielleicht hatte er das Bewußtsein verloren und war auf den Steuerknüppel gesunken, während das Flugzeug mit auf Hochtouren laufenden Motoren in Sturzflug gegangen war, aufgrund der enormen Geschwindigkeit zerlegt wurde und ins Meer stürzte. Dann, Ende der siebziger Jahre, fand René Gavoille, inzwischen General im Ruhestand, der es nie unterlassen hatte, am Ende seiner Artikel über Saint-Exupéry zu fragen, ob ihn jemand gesehen hatte und ob sich jemand an ihn erinnern konnte, Zeitzeugen von der Côte d'Azur, die Côte d'Azur mußte wunderschön gewesen sein an jenem Tag im Jahr vierundvierzig, noch schöner als jetzt, als wir, Bruno und ich, sie nach hundert Meilen über dem offenen Meer erspähen, unter einem Himmel, über den die Wolken schnell und in großer Höhe Richtung Osten ziehen. Der Krieg bot jeden Morgen ein Schauspiel, auch an jenem Morgen, eine *Lightning P 38* kam im Tiefflug von den Bergen herunter, aus dem Tal nördlich von Biot, tief und schnell, gefolgt von zwei deutschen Jagdbombern; aus dem rechten Motor der *Lightning* drang weißer Rauch, dann bekam das Flugzeug Seitenlage, drehte über dem Wasser eine Pirouette und verschwand. Mehrere Personen beschrieben Gavoille ein und dasselbe Bild, auch ihre Angaben hinsichtlich Ort und Zeit stimmten überein, kurz nach Mittag. Andere erinnerten sich einfach nur an ein Flugzeug vom Typ *Lightning*, das sie ins Meer stürzen sahen, und das von Saint-Exupéry war das einzige gewesen, das an diesem Morgen im nordöstlichen Mittelmeer verschwand. Einen Tag später schrieb der angehende Jagdflieger Robert Heichele, der zwanzig Jahre alt war und zwei Wochen später im Gefecht fiel, an seinen Freund, er habe am 31. Juli eine *Lightning* abgeschossen. Er und der

Unteroffizier Hogel an Bord ihrer FW 190 »Langnase« hatten sie um 11.56 zwischen Le Logis und Castellane abgefangen, entlang der Napoleon-Straße. Sie flog zweitausend Fuß höher als wir, schrieb Heichele in seinem Bericht, wir konnten sie nicht angreifen; zu unserer großen Überraschung zog sie eine Kurve und begann zu sinken, sie schien uns entgegenzukommen. Ich kurbelte steil nach oben und machte mich fertig zum Abschuß, hundertfünfzig Meter von ihrem Heck entfernt. Ich schoß, aber verfehlte sie. Ich drehte eine Faßrolle, wodurch ich mich wieder in eine gute Position brachte, schoß aufs neue, aber die Garbe ging an ihr vorbei. Sie versuchte davonzukommen, indem sie in Sturzflug ging, und ich nahm die Verfolgung auf, als ich ungefähr dreißig Meter entfernt war, schoß ich aufs neue. Ich sah, wie weißer Rauch aus dem rechten Motor drang, das Flugzeug flog im Tiefflug die Küste entlang, dann stürzte es ins Meer.

Vielleicht ist mir diese Erzählung die liebste, weil sie am wenigsten Geheimnis hat, weniger als ein Selbstmord oder ein Augenblick der Zerstreutheit oder ein technisches Versagen, oder weil sie am meisten mit dem Fliegen selbst zu tun hat oder weil sie sich besser als die anderen widerlegen ließe, etwa durch den Nachweis, Heichele habe es nie gegeben und sein Brief sei reine Erfindung. Das Meer ist jedenfalls dasselbe wie das unter uns, das ganz nah ist, das Meer vor Saint-Tropez, Saint-Raphaël, Antibes, über das ich schnell und ganz dicht über der Wasseroberfläche hinwegfliege, Bruno klopft mit dem Zeigefinger auf seinen Höhenmesser vor ihm, und da ich ihm keine Aufmerksamkeit schenke, klopft er auf meinen Höhenmesser, wenn man so fliegt, muß man aufpassen, es gibt einen optischen Effekt, der einen glauben macht, höher zu fliegen, lieber nicht aufs Wasser, sondern auf das Armaturenbrett schauen. Bruno beschränkt sich darauf, mit dem Finger auf die Instrumente zu klopfen, weil er sich sicher ist, es mir vor Jahren beigebracht zu haben. Bruno ist und bleibt Bruno.

René Gavoille hatte am Telefon eine aufmerksame, ruhige Stimme. Ich sprach mit ihm vor dem Abflug, er sagte: An diesem Morgen hätte er nicht fliegen sollen, es war reiner Zufall, ich selbst blieb im Bett, weil es am Abend davor spät geworden war, er stand früh auf, er schlief fast nicht mehr in der Nacht, er ging zum Leiter der Flugsicherung und erhielt die Erlaubnis zum Start. Er hätte nicht fliegen dürfen, ich hatte ganz genaue Vorschriften, aber das Schicksal wollte es so. Es war das einzige Mal, bei dem ich nicht dabei war, ein Einsatz, der ihm nicht zustand, ein sinnloser Einsatz angesichts der Gefahr und der bevorstehenden Landung in der Provence. Er flog über Savoyen und machte seine Fotos. Auf dem Rückflug, als es ihn bereits erwischt hatte, ließ er sich ein letztes Mal von seinen Gefühlen übermannen, er flog noch einmal über die Orte, wo er seine Kindheit und Jugend verbracht hatte. Dort ruht er, in diesem Meer. Sie können sich ja vorstellen, was passiert, wenn ein Flugzeug mit vierhundert Stundenkilometern ins Wasser stürzt.

Ich zog am Steuerknüppel, ich machte ausreichend Höhe, ich wackelte zwei- oder dreimal mit den Tragflächen, zum Zeichen des Abschieds. Bruno ist jetzt ruhiger. Nizza und Menton ziehen linker Hand vorbei. Wir sprechen nicht, im übrigen sprechen wir nie während des Flugs. Jeder von uns denkt bereits an Genua und Mailand, an Verona und an die fast kerzengerade Linie, die uns nach Hause, nach Venedig bringt. Bei Sonnenuntergang, nach der Landung, werden wir weit ausholende, federnde Schritte machen, um uns von den Strapazen des Flugs zu erholen. Wir werden lächeln, aufs neue wiedervereint mit unserem Schatten.

Inhalt

Wegen des Fehlers
5

Zwischen der 1423. Sekunde
und der 1797. Sekunde
21

Und alles andere?
32

Pauci sed semper immites
51

Bis zum Taupunkt
97

Flugmanöver
122

Unreported inbound Palermo
139

Doppelter Start im Morgengrauen
149